Dinámicas de lo Invisible

Volumen 2

Volumen 2

David Topí

Dinámicas de lo Invisible

Conocimiento para entender el
mundo que no vemos

EDICIONESBLURR

Índice

1. Introducción

Bienvenidos a este segundo volumen de la colección *Dinámicas de lo Invisible*, una serie de libros que pretenden acercarnos al conocimiento sobre cómo funciona el mundo en el que vivimos, la realidad en la que existimos, el sistema energético que poseemos, la estructura de la Creación en la que nos encontramos y todo aquello que nos permite comprender el juego de la vida en el que evolucionamos.

Habíamos terminado el primer volumen de esta colección hablando de energías, de la composición del ser humano, de cómo funcionan alguno de los sistemas principales que poseemos y de cómo fuimos creados y de qué manera y porqué. Habíamos hecho hincapié en la simultaneidad del tiempo, como todo se percibe de forma no lineal, sino sucediendo a la vez en un eterno "ahora", desde los niveles superiores al llamado plano mental del planeta, y como, desde ahí, la parte del ser humano que denominamos el Yo Superior y el espíritu asisten al alma y a la personalidad para gestionar sus experiencias terrenales y todas nuestras encarnaciones.

Habíamos dado también en el primer volumen pautas para incrementar el potencial de auto sanación y recuperación física que poseemos, pautas e indicaciones sobre cómo eliminar el concepto de la *"obsolencia programada"* en nuestras células que limita a un número determinado los ciclos de vida de las mismas, y habíamos entrado en profundidad en explicaciones sobre cómo nos nutrimos energéticamente y podemos recargar nuestros tantiens y sistemas energéticos con la energía del entorno, del campo cuántico que todo lo impregna y permea, y que, habíamos dicho, recibe el nombre de "Muan".

Es momento, pues, de seguir adelante con esta segunda parte de conocimientos olvidados, pero muy actuales, de información antigua, pero imbuidos de sabiduría, de datos y paquetes de explicaciones que están presentes en todos los niveles evolutivos para todos los seres que existen en la Tierra, y que, sin embargo, al ser humano le fueron vetados, opacados, ocultados, y, si acaso, aquello que pudo salir a la luz, lo hizo de manera distorsionada y con el objetivo de confundir, más que de enseñar.

Por lo tanto, volveremos a hablar de cómo funciona el sistema de vida en la Tierra, este enorme tablero de juego que representa el planeta en el que nos encontramos, cuyo logos, recordemos, recibe el nombre de "Kumar". Volveremos a explicar el sistema de manipulación al que estamos sometidos, pues solo lo que se comprende se puede cambiar, y volveremos a recordar que todo está hecho de infinitas partículas que llamamos "mónadas", siguiendo el nombre otorgado a estos bloques básicos de la Creación por Pitágoras, que forman todo lo que existe en la misma. También volveremos a insistir en cómo interactúan entre sí los diferentes aspectos que nacen de la variación de los parámetros internos de la mónada, como son la consciencia, la energía y la materia, recordando que la consciencia puede alterar el aspecto energía de cualquier cosa y que el aspecto energía es lo que altera, cambia y manipula la materia. Por lo tanto, el mundo que parece sólido no lo es, solo es una construcción energética más densa que otras construcciones energéticas que existen en otras partes, y son nuestros sentidos, captando y sintonizando esas frecuencias y formas vibracionales, los que dictan y decodifican la estructura de lo que creemos percibir como una realidad inmutable, aunque nada esté más lejos de la realidad. Por lo tanto, seguiremos explicando cómo se puede cambiar el mundo de los sentidos "físicos" cuando conocemos cómo manipular y alterar las estructuras energéticas, etéricas y mentales que están detrás del mismo, y como incrementando nuestra consciencia sobre el funcionamiento de la realidad se puede cambiar esta.

Así, la cadena consciencia-energía-materia siempre será y estará presente en nuestras explicaciones como el método de cambio de aquello que no esté yendo acorde a nuestro bien mayor, aquello que nos dificulta el avanzar, crecer y evolucionar, aquello que está trabajando en nuestra contra y frenando el camino de crecimiento que tenemos por delante, tanto a nivel individual como a nivel de humanidad. Para ello, seguiremos contando con el apoyo de la parte del ser humano que llamamos el Yo Superior, que ya hemos explicado y estudiado en el primer libro de esta serie, y seguiremos haciendo peticiones y trabajos en conjunto con el resto de elementos conscientes que nos forman, desde la personalidad pasando por el alma, al espíritu si está presente y al Yo Superior, para poder contrarrestar las manipulaciones, programaciones, limitaciones e inhibiciones presentes en nosotros, y, a partir de aquí, iniciar el proceso de activación de todo el potencial latente en cada uno y con todas las garantías de éxito del mismo, pendientes de un paso de nivel evolutivo que se va acercando rápidamente para todos aquellos ubicados en la línea temporal que recibe el nombre de "línea temporal #42", de la que hablaremos también a lo largo de las siguientes páginas.

Puesto que este material que tenéis en vuestras manos también presenta riesgo de que sea distorsionado por nuestros propios sistemas de creencias, desechado por filtros y tamizadores mentales, y bloqueado por todo aquello que llevamos en la psique a nivel de "malware" y programación negativa, introduciremos algunas peticiones y desprogramaciones para permitir que parte de toda esta información que podría verse bloqueada por nuestros propios sistemas de "manipulación mental", presentes desde el mismo inicio de nuestra encarnación, en los primeros segundos de nuestras vidas, empiecen a desmontarse y a no activarse, para dejar pasar atisbos de sabiduría y conocimiento ancestral que permitan empezar a percibir la realidad y las reglas del juego de la existencia algo más cercanamente a como lo percibe nuestra alma y nuestro ser. De esta manera, dotaremos a la personalidad de herramientas para que pueda desprenderse de diferentes bloqueos presentes en nosotros que impiden precisamente eso, que podamos dejar que otras partes de nosotros mismos tomen las riendas con más soltura y fluidez del conjunto de esta experiencia terrenal, algo que es tremendamente importante para poder seguir adelante en el juego en el que estamos a punto de terminar una de las grandes partidas que la humanidad ha estado jugando, sin saberlo, desde hace milenios.

Pero, para ello, también se han de comprender que las reglas del juego que nos fueron impuestas no han sido aceptadas conscientemente, y hemos estado jugando en desventaja, con un brazo atado a la espalda y muchas vendas en los ojos, para que no viéramos a los demás jugadores, para que no viéramos el resto de elementos que hacían que el juego estuviera amañado, para que no nos diéramos cuenta cuando se cambiaban las fichas, personajes y reglas del tablero sin avisar y en contra de nuestro bien mayor, y, en definitiva, para que fuera lo más difícil posible para el ser humano salir bien parado de esta experiencia, que, a pesar de todo, y para el resto de componentes de nosotros mismos, no deja de ser una estupenda experiencia de aprendizaje múltiple, multi-realidad, como también habíamos explicado, y que nos proporciona una cantidad de vivencias y micro lecciones en cada segundo de nuestras vidas que no tiene comparación en muchos otros sistemas planetarios a lo largo y ancho de este universo donde nos encontramos.

Pero, aunque esto sea así, es decir, aunque realmente esta escuela, en muchos aspectos y a pesar de su dureza, sea muy importante, muy efectiva y muy potente, no es un sistema de vida adecuado ya para ninguno de nosotros, porque ahora mismo nos impide terminar y completar algunas de las últimas lecciones que nos faltan para poder "graduarnos" y pasar de nivel, ya que hay múltiples jugadores que no desean que el ser humano abandone este "terreno de juego". Como esto tampoco es admisible, hemos de poner la directa y dejar bien claro que nosotros tenemos las riendas de nuestro propio destino, que nadie nos puede impedir que sigamos adelante con el mismo y que no podemos permitir que aquellos que gestionan el sistema de vida en la Tierra entre bambalinas estén decidiendo por nosotros que podemos hacer y que no podemos, en que podemos trabajar y en que no, que debemos elegir y que debemos rechazar, hacia donde podemos evolucionar y hacia donde no, y cuando podemos dar el salto de "curso" y cuando no.

Debido a que esto es lo que está precisamente pasando en estos momentos en el planeta, y este final de partida está siendo de lo más complicado para aquellos a punto de completar todo el proceso para irse a la siguiente "clase" con las nuevas lecciones y vivencias ya esperándoles para ello, hemos de dotarnos de herramientas y capacidades que ahora mismo desconocemos, en su mayor parte, pero que poseemos dormidas en nosotros y que han de ser activadas para que podamos encender los motores internos que proporcionarán el potencial necesario para cubrir este último tramo en la pista de carreras en la que, ya, no nos quedan más que unos pocos metros para completar la última vuelta y llegar victoriosos a la meta.

Iniciemos pues el recorrido de estos últimos tramos conociendo mejor el circuito de carreras y los que están alterando las "reglas" de la misma, y, a partir de ahí, vayamos construyendo capítulo a capítulo las explicaciones necesarias sobre cómo activar todo el potencial del vehículo que poseemos y que ahora estamos conduciendo.

2. ¿Qué motivos tienen los diferentes actores del sistema de control para evitar el proceso evolutivo de la humanidad? ¿Qué quieren? ¿Por qué no dejan que este proceso siga adelante?

Terminar una carrera en la que llevas milenios corriendo y no saber dónde se encuentra la meta ni quien te está persiguiendo o quien corre contigo es todo un logro, cuando el coche que conduces en casi todos los casos lo ha hecho de manera autónoma y automática, sin que el piloto se diera cuenta prácticamente de nada. Ya habéis visto que esta analogía del coche que funciona "solo" nos ha venido muy bien en el primer libro de esta colección para explicar los mecanismos de la mente que rigen nuestra personalidad y comportamientos, y que impiden o hacen muy difícil que el alma, el espíritu y el ser o Yo Superior estén realmente a los mandos de este vehículo que representa el cuerpo físico, con su estructura de cuerpos sutiles inferiores y básicos que todos poseemos de serie.

Por lo tanto, ahora que tenemos que dar unos "últimos pasos" para poder "pasar de curso", para poder pasar de "nivel evolutivo", para dar el salto a otra realidad, a otro nivel de consciencia, tenemos que preguntarnos, ¿quién me lo está impidiendo? ¿Quién está intentando que no termine la carrera y que no haga este cambio a otro nivel de esta escuela que es el planeta en el que me encuentro?

La respuesta no es sencilla, porque este sistema de control de la humanidad, vamos a llamarlo así de momento, tiene sus orígenes y raíces en la manipulación del ser humano y en su creación como especie, algo que vimos en el último capítulo del libro anterior. Así que si aquellos que están manipulando la carrera de la vida son más antiguos que el resto de corredores y son los que han colocado las vallas, los boxes para obligarte a hacer paradas, los clavos en el camino para pinchar algunas ruedas mientras corremos, y escondido los surtidores de gasolina para que no repostemos cuando lo necesitamos, es obvio que el "corredor normal", es decir, el ser humano "medio", a duras penas podrá completar todo o casi todo el proceso que le lleva a terminar el periplo que supone el nivel evolutivo en el que se encuentra en estos momentos y que, por razones relacionadas con los ciclos planetarios y otros cambios dentro de nuestro mismo sistema solar, se tienen que dar y se están dando, para que, todos aquellos que ya están listos o casi listos, inicien el proceso de salir de esta "clase" y "grado de estudios", y empiecen el proceso de matricularse en los "cursos superiores", que nos están esperando para ello.

Y es que cuando dentro de un lugar como nuestro planeta conviven tantos jugadores distintos, tantos grupos, razas, entes, especies y seres que comparten "escuela", como es el caso del planeta Tierra, la interacción entre ellos se hace complicada, cuando no tremendamente difícil, ya que, una parte de todos estos jugadores y personajes, buscando un lugar para obtener sus propias experiencias y vivencias necesarias para su crecimiento, tienen la costumbre de intentar bloquear y manipular la evolución y las experiencias de los demás, y es lo que hace que la situación sea tan compleja.

Pero, para bien o para mal, la situación es la que es, ya que muchos de los actores de esta obra de teatro que representa la vida en el planeta no tienen ningún interés en seguir creciendo o avanzando, aun a pesar de los demás, sino solo en entorpecer el camino del resto, para poder mantenerse ellos como dueños del escenario donde se representa la obra. Y esto es lo más difícil de entender para la mayoría de personas.

¿Qué buscan aquellos en el poder? ¿Dinero? ¿Riquezas? ¿Control? ¿Fama mundial? Nada de todo lo anterior, pues ese tipo de cosas ya las poseen o no son para nada interesantes a su percepción de la realidad. Por lo tanto, si aquellos que gestionan los hilos de la vida en la Tierra no buscan nada "material" o que les dé un "estatus social" por encima del resto, ¿qué es lo que quieren?

Quieren mantener el control sobre todo el planeta. Esto así dicho suena un poco pretencioso, pues, en general, no tenemos aspiraciones de este nivel: controlar todo un planeta, subyugar a toda una raza, gestionar a toda la humanidad. ¿Para qué íbamos a querer ninguno de nosotros algo así? ¿Qué beneficio nos aporta?

En general, partimos de una premisa equivocada, pues aquellos que se encuentran en los niveles más altos de los círculos de poder ya ni siquiera piensan como nosotros, pues no son como nosotros, y eso lo tenemos que explicar para que se entienda la visión y manera de ver la realidad y al ser humano que se posee desde los principales gestores de la humanidad entre bambalinas.

Habíamos dicho en el último capítulo del primer libro que el ser humano fue creado por manipulación genética de un saurio denominado trodoon, por una raza llamada por nuestros ufólogos "nórdicos" (aunque ellos a ellos mismos se autodenominan *"adohim"*). Estos "nórdicos", pues, modificaron al trodoon para dotarlo de una individualidad que permitiera a un ser o Yo Superior enlazar con ellos, sacarlos del reino animal y dotarlos de un cuerpo álmico separados de la especie sauria a la que pertenecían. Luego, habíamos explicado que el trodoon manipulado y dotado de mayor inteligencia y autoconsciencia fue vuelto a manipular y convertido por la raza *"Amoss"* (los llamados *"Dracos"* por muchas personas) en lo que los sumerios denominaron *Manus*, y luego el Manu fue manipulado de nuevo y convertido en lo que los sumerios llamaron el *Lhulu* por la raza Asimoss, que nosotros conocemos con el nombre de Anunnakis. Cuando Manus y Lhulus cruzaron su genética de forma natural, nació el embrión de los primeros prototipos de seres humanos al crear la especie denominada *"Lhumanus"*, y, de ahí, cada sucesiva manipulación genética creaba un nuevo tipo de "homo" hasta llegar a lo que conocemos como el *homo sapiens*.

Así que, teniendo más o menos claro este linaje y este proceso, podremos explicar de dónde y porqué nacieron ciertos grupos que fueron puestos en control del resto de lhumanus, a los que se les otorgaron ciertos privilegios y que, desde entonces, y estamos hablando de millones de años en el tiempo lineal, se les ha permitido estar en el poder y en control del resto de miembros de nuestra especie.

¿Por qué se hizo esto? Remontémonos a la época en la que los asimoss estaban extrayendo oro y otros minerales de la Tierra para cubrir sus necesidades en su planeta de origen. Habíamos mencionado que hubo una revuelta, explicada en varias tablillas codificadas por los sumerios y encontradas en el siglo XIX en el actual Irak, que produjo que ningún miembro de la raza "Anunnaki" quisiera volver a "picar piedra en la mina", y ello llevó a la creación del ser humano como hemos explicado, partiendo de la vida animal autoconsciente sauria, el Manu, en el planeta.

Con el tiempo, aunque en los inicios de los primeros experimentos genéticos los asimoss podían controlar perfectamente a los lhumanus, se hizo palpable que, para poder deshacerse de ciertas tareas rutinarias, como era la gestión del día a día en las minas y del día a día en el trabajo que se les encargaba, era más fácil poner a unos cuantos lhumanus en control del resto, iniciando un sistema piramidal de gestión que hasta ahora perdura en todas nuestras áreas de vida, y que vemos como perfectamente normal que siempre sea alguien quien ordene y mande y coordine a otros, y que estos otros hagan lo que se les pide, en aquellos tiempos por la fuerza y con la amenaza de muerte y hoy en día simplemente a cambio de un salario y unas condiciones de vida determinadas.

Como era más fácil y vieron que funcionaba bien así, escogieron un grupo de lhumanus cuya genética fue modificada de nuevo para tener un poco más de capacidades y ser más inteligentes que el resto, es decir, necesitaban una serie de intermediarios que supieran comprender perfectamente a los "dueños" y "dioses creadores" y que pudieran transmitir y hacerse obedecer por las "masas" de lhumanus. Y estamos hablando aún cuando, en nuestros términos, corrían "australopitecos" por nuestro planeta, así que no había una inteligencia ni una comprensión más allá de las cuatro funciones básicas de picar, extraer o ejecutar órdenes muy sencillas.

Evidentemente esto era muy fácil al inicio, pues no se requería nada más que "bestias de carga" y de trabajo, pero, con el tiempo, ya no fue así, pues se hizo necesario crear trabajadores más inteligentes y más hábiles, y dotarlos de mayor destreza, por lo tanto, nuevos modelos de homos fueron procesados en laboratorios y puestos a disposición de los asimoss por sus "científicos genetistas", siendo el asimoss conocido cono Enki por los sumerios el responsable de ello. Pero, a medida que más inteligentes eran los lhumanus, más control se necesitaba, y más intermediarios en forma de "capataces", para entendernos, tenían que ponerse para gestionarlos.

Así, poco a poco, fueron surgiendo unos "clanes", porque no eran otra cosa en aquel momento, unas "tribus" de lhumanus, que eran superiores al resto, en forma de mayor inteligencia y con el favor de los "dioses", los asimoss, sobre los demás. Estos clanes empezaron a subyugar al resto y recibían ciertas órdenes y peticiones por parte de los asimoss sobre lo que debían ejecutar y cómo debían hacerse obedecer por los otros lhumanus. De esta manera, poco a poco, unos pocos linajes de lhumanus empezaron a poder "dirigir" al resto de grupos, tribus y clanes "homínidos", pre-homo sapiens, con la ayuda de aquellos que les habían creado.

A medida que asimoss iban necesitando que sus "capataces" tuvieran mayor control y mayor inteligencia, a estos les dotaban de algún mecanismo genéticamente implantado o manipulado para que pudieran siempre estar por encima del resto, mientras que al resto de lhumanus simplemente se les dotaba de la inteligencia básica para manejar las herramientas, más allá de lo conocido por la antropología, que iban a usar para extraer minerales o cumplir las funciones de carga y transporte asignadas por los asimoss.

Y es que recordemos, la extracción del mineral seguía siendo hecha con tecnología asimoss, no era ni de lejos el plan de dotar de hachas de piedra y palos puntiagudos a unos homínidos para que fueran a extraer minerales a minas subterráneas, por lo tanto, los lhumanus, como tales, eran las bestias de carga, eran los que apartaban los escombros, eran los que subían y bajaban cubos con el oro y el resto de minerales, mientras que los taladros, la maquinaria y todo lo necesario para ello estaba a cargo o bien directamente de los asimoss o bien de las primeras "élites" que comprendían y eran capaces de manejar algo más que una lanza y una piedra afilada, aún sin ser capaces de estar a un nivel tan alto que supusieran un peligro para sus creadores.

Así que aquí tenemos una primera explicación global y genérica al origen de las "élites", mal llamadas así, pero que en cierto modo lo son, y del sistema de gestión de la humanidad, porque si avanzamos en el tiempo lineal muchos miles de años, el proceso sigue igual. Los lhumanus van siendo manipulados genéticamente cada pocos miles de años según las necesidades de los asimoss, y los que están en control, los lhumanus que han sido puestos para gestionar al resto, siguen obteniendo más poder sobre estos, y más conocimiento y más habilidades que sobrepasan en mucho, a la del lhumanu "medio".

Y miles de años siguieron su curso con este tipo de situación, hasta que el ADN de aquellas "élites" primitivas empezó a ser tan diferente del ADN del resto que la diferencia de poder, conocimiento y control era ya abismal. Había lhumanus en el poder que eran capaces de comunicarse más o menos correctamente con Anunnakis mientras que el lhumanu medio aún intentaba aprender a encender un fuego, por lo tanto, ya podéis ver e intuir que el nivel evolutivo y de conocimiento de los que rigen el sistema de control en el planeta está a años luz de una persona "normal" que, aun con su título universitario debajo del brazo, no conoce ni una infinitésima parte de lo que realmente se conoce y se sabe en los círculos superiores de poder del planeta.

Pero entonces, ¿aquellos en el poder, en aquellos inicios, son ahora los mismos en el poder? Si, sus clanes, obviamente, o sus linajes, mejor dicho. Porque una de las restricciones impuestas a los lhumanus en poder para seguir estándolo era que no debían mezclar su ADN con el ADN de ningún otro lhumanu, ya que, de lo contrario, en pocas generaciones se diluirían los conocimientos y el potencial imbuidos en ellos. Por lo tanto, los linajes en control, y usaremos esta nomenclatura, tenían que permanecer puros y aislados del resto. Esto hizo que empezaran a no relacionarse con los demás lhumanus tan abiertamente, que se impusiera y creara el sistema de castas y de niveles de poder, que sigue vigente en muchos países, y que se exportara a todo el planeta, a todas las comunidades de "homos", el concepto de los sacerdotes o de aquellos que hablaban directamente con los dioses en nombre de todos los demás.

Esta manera de crear una sociedad donde miembros de unos pocos clanes y linajes tuvieran control sobre todo el resto haciéndose pasar o tomando el rol de intermediarios con los creadores de la humanidad fue perfeccionándose y perdurando en el tiempo, de manera que, a través de los siglos, aquellos con mayor poder en estos linajes pasaron a la clandestinidad, ya no se dejaban ver, ya no interactuaban con los demás, y había diferentes niveles de protección y control entre ellos y la masa de lhumanus presentes en el planeta, cuando los homos *erectus*, *habilis* y modelos de esa época ya estaban siendo producidos en masa y los homos anteriores estaban siendo exterminados o dejados morir por toda la Tierra.

Una vez los miembros de los linajes en control pasaron a la sombra, crearon una serie de mecanismos de protección del sistema en forma de "círculos de poder", donde en el círculo más interior estaban los tres representantes de los lhumanus dentro de ese clan con mayor poder y conexión directa con los asimoss. Dentro del segundo círculo de poder había seis miembros, dentro del tercer círculo de poder había doce miembros, dentro del cuarto círculo de poder había 24 miembros y así.

Si os dais cuenta, la multiplicación por dos a medida que se baja en poder está relacionada con la ley de las octavas, donde el DO de una octava superior es siempre el doble en frecuencia que el DO de la octava precedente. De manera que, en el primer círculo, desde entonces y actualmente, hay tres miembros que tienen el mayor control sobre toda la humanidad, en el segundo círculo de poder hay 6 miembros, en el tercero hay 12, etc.

¿Por qué se inicia por tres y no por uno? Porque tres es el número del equilibrio, el número de la Creación, el número de polos que tiene una mónada, el número de aspectos que está presente en ella: la consciencia, la energía y la materia, y el número de miembros mínimos que los Anunnakis creían necesario para poder dar las órdenes que habían de transmitirse al resto de la humanidad de entonces, pasando de cada círculo de poder al siguiente. Luego, con el tiempo, veremos cómo se llegó al número de 11 miembros en los círculos de poder actuales cuando expliquemos la historia de Moisés y el pacto que hizo con las razas anteriormente en control, y veremos como todos los números siempre están relacionados con leyes cósmicas y universales.

Por lo tanto, desde hace millones de años, ha habido tres "Ihumanus", o tres avatares "humanos", que realmente no tienen nada en común con el ser humano, porque su genética dista mucho de estos, que están siendo usados por asimoss, y forman parte de este primer círculo de poder que ha regido los designios de la humanidad bajo las órdenes de asimoss, amoss y otras razas a las que están subyugadas. A lo largo de las próximas líneas explicaremos como ha sido este sistema, ya que, afortunadamente, y como veremos en breve, ha prácticamente desaparecido en sus niveles más elevados de poder.

Bien, y ¿para qué? ¿Qué les aporta? ¿Qué ganan ellos con esto? ¿Cómo es la vida de uno de estos miembros del primer círculo de poder en el planeta? Puesto que no han sido nunca figuras públicas, evidentemente nadie sabe quiénes eran, excepto nuestros Yo Superiores y todos los otros seres que habitan en la Tierra, empezando por aquellos que llamamos nuestros "guías espirituales" que los conocen perfectamente. Este primer círculo de poder ha tenido su base en lo que, para nosotros, es la ciudad de Londres, así que, para sorpresa o confirmación de muchas personas, el centro de poder del primer círculo de control de la humanidad ha sido durante siglos la City de Londres. Pero esto también hay que explicarlo.

No estamos hablando de poder a nivel político, económico o militar, pues hay varios centros de poder de este estilo en muchos países, y el juego geopolítico y económico se divide entre varios jugadores, entre ellos Israel, Estados Unidos, Rusia, China o la misma Inglaterra. Estamos hablando del centro de poder "metafísico", energético, de control de la humanidad desde las estructuras del plano mental de la misma hasta la gestión de las diferentes áreas de vida físicas.

Por lo tanto, no tiene nada que ver con que haya más bancos aquí o más bancos allá, que haya más poder militar en este país o en el otro, con que existan políticos que decidan el futuro de la humanidad a nivel social aquí o en la otra punta del planeta. La City de Londres ha sido simplemente el centro de reunión del primer círculo de poder de la humanidad por lo que hay en su subsuelo, y que no es otra cosa que, desconocido para todos excepto para la vida no física del planeta, un enorme acceso al repositorio de energía que representa el núcleo etérico de la Tierra, lo cual, como ya visteis en el primer capítulo del libro anterior, es todo lo que se necesita para poder controlar, activar o potenciar cualquiera de las funciones del sistema energético humano, planetario, las manipulaciones de la realidad, el control de los planos no físicos, etc. Hace falta energía para todo, y puesto que en esa zona del planeta hay un acceso más fácil que en otras a este punto energético, ahí se establecieron hace milenios los primeros clanes de los primeros lhumanus en poder que iban a ser dotados del conocimiento por asimoss sobre cómo usarlo, a partir de entonces, para poder controlar al resto.

Esto ha hecho, como la historia nos ha explicado con mayor o menor distorsión, que la civilización desarrollada en las islas británicas siempre haya sido cuna de poder sobre el resto de imperios del planeta, a veces de forma visible, a veces de forma soterrada, como es el caso ahora en parte, pues es conocido el poder y potencial del Reino Unido en muchos niveles políticos y económicos, pero no es conocido a nivel de la presencia del primer círculo de poder de gestión de la humanidad.

Bien, dejemos Londres de momento y volvamos a la explicación de los jugadores que mueven los hilos. Dentro de estos tres primeros "miembros", es decir, dentro de esos tres "cuerpos" o "avatares físicos", han estado siempre tres "almas" no humanas, vamos a decirlo así, pues, como podéis imaginar, no es un alma humana la que gestiona el avatar de los tres miembros principales del sistema de gestión, ni tienen un Yo Superior, por lo tanto, ¿qué son estas "personas"? ¿Son "personas" según comprendemos el término? No, no lo son. Entonces, si no son seres humanos, ¿qué son? Son Asimoss en avatares humamos. Y ¿qué significa esto?

Aquellos tres "cuerpos" que han estado en las tres primeras posiciones jerárquicas del sistema de control han tenido tres "almas" de asimoss dirigiéndolos, por lo tanto, ha habido tres "Anunnakis", para entendernos con los nombres que conocemos todos, que estaban usando tres cuerpos humanos o semi-humanos, pues su ADN es muy diferente al nuestro, pero tienen una apariencia lo bastante parecida para pasar algo desapercibidos si nos cruzáramos con ellos en la distancia.

Esta posición jerárquica correspondía, por lo tanto, a los mismos creadores que hace millones de años diseñaron los cuerpos en los que se imbuían para poder dirigir al resto de miembros de los círculos de poder que sí que son, en mayor medida, más "humanos", y que veremos luego.

¿Cómo se gestionaban o repartían entre sí el poder estos tres primeros miembros y de quién reciben ellos las instrucciones? Pues los tres asimoss que han estado siempre en el primer círculo de poder recibían instrucciones del resto de asimoss de mayor grado jerárquico que se encuentran en su estado "natural" conviviendo entre nosotros, fuera de nuestro alcance visual y perceptivo. Esto significa que no son los "Anunnakis" de mayor rango los que se imbuyen en cuerpos o avatares humanos para gestionar a la humanidad, sino simplemente aquellos designados por los niveles superiores en jerarquía dentro de la raza asimoss para ello.

Y que hay de las otras razas, ¿no están ellos o han estado hasta ahora en poder también? Así es, pero no en el primer círculo y como parte de estos tres miembros del mismo, pues un acuerdo ancestral entre asimoss y amoss, "*Anunnakis*" y "*Dracos*", les llevó a repartirse las posiciones de poder de mayor rango, y mientras unos se encargaban de la gestión de la humanidad, de los lhumanus, como nos siguen llamando, en el entramado político, financiero, bancario, social, etc., otros lo hacían en el entramado energético, de manipulación del inconsciente colectivo, de manipulación de nuestra realidad común, etc., siendo esta última parte tarea y responsabilidad de los amoss, y siendo la primera tarea y responsabilidad de los asimoss.

Así, como parte de los tres miembros "humanos", pero asimoss en esencia, alma y estructura energética, del primer nivel de poder en el planeta se encontraba aquel que representa el aspecto "consciencia" de la Creación, aquel que representa el aspecto "energía" y aquel que representa el aspecto "materia", y esta es la razón por la que son tres miembros, y no uno, quienes estaban en el centro de todo el sistema de gestión de la humanidad desde el primer momento de creación del lhumanu por estas razas que ya conocemos.

Por lo tanto, si el primer círculo de poder pertenecía a tres asimoss, en el segundo teníamos miembros de las otras razas usando también cuerpos humanos y habiendo, solo en un caso, un "alma" humana en uno de ellos que, por linaje, es descendiente de los primeros clanes lhumanus en poder, y, el resto, los otros cinco miembros, pertenecientes a cinco de las razas en control que hemos mencionado, algunas, y que aún no conocemos, otras.

Así, de estos cinco "asientos" existentes en el segundo círculo de poder en el planeta uno de ellos pertenecía a la raza "*Amoss*", otra a la raza "*Zul*", una especie con características insectoide de la que ya hablaremos en otro momento, otro pertenecía a la raza "*Alomiss*", una especie que solemos asociar a "mantis", otra a la especie "*Animiss*", una especie que asociamos a hormigas y otra corresponde a una especie canina, autodenominados "*Olslar*", que asociamos a la constelación de Sirio por la información de nuestros antepasados y leyendas de diferentes culturas, especialmente por la tribu africana conocida como los Dogón. Hay que decir que estos nombres no son los que los humanos les hemos dado, o aquellos que nosotros hayamos podido "inventar" para poder referirnos a ellas, sino que son los nombres que estas mismas razas se dan u otorgan a ellas mismas y que han sido recibidas a través del conocimiento que poseen sobre ellas nuestros Yo Superiores y aquellos que nos asisten como nuestros guías y protectores.

Así, estas cinco razas, trabajando con los asimoss, son aquellas que han regido desde la antigüedad el destino de la humanidad en el primer y en el segundo círculo de poder del planeta. Y aún estamos lejos de políticos, banqueros, personas influentes, presidentes o personajes que podamos conocer, estamos lejos muy lejos de sociedades secretas, de curas y de papas, de miembros *Illuminatis* o masones, de hombres de negro o de cualquier tipo de personaje que podamos haber leído y escuchado que rigen el sistema de vida en la Tierra y sus estructuras. Estamos lejos de reyes y reinas, de Bilderbergs o de organizaciones secretas, estamos lejos aún en la escala de poder de todo lo que en los miles de libros sobre conspiraciones se ha publicado, ya que estos libros y conocimientos asociados, nos hablan de un nivel de poder muy cercano al humano medio, pero muy alejado de las verdaderas razas en control del mismo.

Así, mientras que los integrantes del primer círculo de poder tenían su "base", por decirlo de alguna manera, en el subsuelo de la City de Londres, el segundo nivel de poder estaba repartido por los cinco continentes, y no ha sido fijo ni tenía un lugar concreto de reunión, sus miembros se han movido siempre por todo el planeta, a través de los sistemas de desplazamiento y transporte existente bajo la superficie del mismo y en las diferentes bases y centros de operaciones que estas razas tienen por toda la Tierra.

Seguimos. A continuación tenemos el tercer círculo de poder actual, compuesto por doce miembros, y aquí llegamos a algo que sí que podemos conocer por haberlo leído en otras fuentes. Las *doce tribus de Israel*, o los doce descendientes de aquellos que, en la época de Moisés, lideraron e hicieron pactos y acuerdos con sus "dioses de antaño" para tener el poder y el control de la humanidad, a cambio de la sumisión de esta hacia las razas creadoras.

No entraremos ahora en detalle sobre el origen de este pacto y sus consecuencias, simplemente explicaremos que el poder fue otorgado a las llamadas "12 tribus de Israel" en base a un pacto realizado por el Moisés bíblico, donde, a cambio del algoritmo de la cábala, que contiene la información y las funciones de cómo se manipula la realidad y las estructuras no físicas del planeta (convertidas por la iglesia católica en los famosos "10 mandamientos bíblicos" con muchísima distorsión y manipulación), se les exigió sumisión y someter al resto de la humanidad a sus razas creadoras.

Por lo tanto, en este tercer nivel o tercer círculo de poder, siguen estando representados los miembros de aquellas doce tribus que, teniendo sus raíces en la época histórica de Moisés que hemos mencionado, usurparon el control de la humanidad a los clanes "lhumanus" tribales que habían estado en control hasta ese momento y que habían pasado su poder y posición desde la época de la creación del lhumanu hacia Lemuria, luego hacia la época Atlante, luego hacia Egipto y Sumeria y luego hacia Israel. Por lo tanto, y explicaremos en algún otro volumen de esta colección los detalles de ese pacto y acuerdo y porqué el poder fue traspasado de los clanes tribales lhumanus y sacerdotes de épocas anteriores hacia el pueblo hebreo, o mejor dicho, hacia sus élites, el tercer nivel de poder en estos momentos lo forman, desde hace siglos, representantes de estos linajes, que obedecen las órdenes del segundo nivel de poder a través de la sindicaciones de unos intermediarios que los ufólogos conocen con el nombre de "*los grises*", siendo una especie que ha salido mucho en todo tipo de películas, de series de televisión y de ficción, y que nos muestra a una serie de entes pequeños, en general, de amplios ojos y de cabeza enorme respecto al cuerpo, producto de una creación genética ancestral también por parte de los asimoss en otros lugares, y que fueron puestos, en aquellos momentos, y hasta la actualidad, para hacer de enlace entre el primer y segundo círculo de poder, hacia el tercero de ellos, donde todos los representantes son humanos, es decir, tienen un cuerpo humano, un alma humana y un Yo Superior, y estos doce representantes, que en cada país tienen un comité de 11 miembros, y ya explicaremos porqué pierden un miembro en los comités de gestión a nivel menor, están coordinados por el representante "humano" del segundo nivel de poder.

Se está liando la estructura, ¿verdad? Es complejo entender cómo estamos siendo manipulados pero es esencial para activar la consciencia respecto al sistema de gestión en el planeta. Habíamos mencionado que el segundo nivel de poder tenía seis miembros, y de ellos cinco pertenecen a las cinco razas más poderosas en control, mientras que uno solo de esos miembros era un "humano". ¿Quién es este "humano"? Es el único descendiéndote directo por linaje del primer clan lhumanu que se puso en control del resto cuando se creó nuestra especie.

Eso significa que hay alguien, que lleva, literalmente, miles de años "vivo", y aquí empieza otro tema importante, pero que puede llevar a la incredulidad a más de uno. "Miles de años vivo", ¿cómo es posible?

Si recordáis, en el libro anterior, hemos dado pautas para eliminar la obsolencia programada del cuerpo humano, y hemos dicho que el cuerpo humano está diseñado para durar cientos o miles de años si está en perfecto equilibrio y con completa salud, porque el vehículo que usamos fue diseñado para perdurar y poder dotarnos de una experiencia evolutiva muchísimo más larga que los 90 años de vida media que ahora duramos. Por lo tanto, combinando la tecnología, ingeniería genética, conocimiento sobre la manipulación del cuerpo que poseemos y formas de mantener la "juventud" de manera artificial, es "normal" que nunca envejezcas y que puedas vivir esta cantidad de años imposible para nosotros. Os recomiendo la película "*El Ascenso de Júpiter*" donde podréis ver, de manera entretenida, como se recupera la juventud y cómo se vive "eternamente" si se usa la energía, tecnología y conocimiento adecuado.

Bien, puesto que los 12 miembros de las tribus de Israel no son "lhumanus originales", estos están sometidos al único miembro de los clanes lhumanus en poder en el momento de nuestra creación, que perdura desde el inicio de nuestra especie y que ocupa el puesto "humano" del segundo círculo. Entrar en la psicología de esta "alma humana" es muy complicado ahora, no entenderíamos cómo y porqué está donde está y hace lo que hace, aunque puede ayudar comprender y saber que no posee un cuerpo emocional, ni empatía ni ningún tipo de cualidad "álmica" que se parezca a la compasión ni al afecto ni al amor, así que, en parte, eso nos da una idea de cómo se puede estar en una posición como esa siendo lo más parecido a un ser humano que hay en ese nivel de control.

Terminemos entonces este apartado dando más detalles sobre esta raza que hace de intermediaria entre los dos primeros círculos de poder y el tercer nivel de control, y que hemos mencionado que son los "*grises*".

Los "grises" son probablemente la raza más conocida por la mayoría de personas que ni siquiera han oído hablar de los "Anunnakis" pero han visto dibujos animados tipo "*American Dad*", han visto películas de Spielberg o han tenido algún muñeco con forma de extraterrestre entre los juguetes de sus hijos. Y es que son una raza, de la que ahora hablaremos en detalle, que ha estado siempre haciendo de eslabón y de intermediario entre asimoss, amoss, y los círculos humanos de poder.

Denominamos "*grises*" a un tipo de ser consciente que tiene la característica de poseer una amplia cabeza, piel gruesa y gris, cuello pequeño y cuerpo "corto", de una estatura que varía entre 50cm y el metro y medio en aquellas sub-razas que están colaborando con asimoss, y que fueron creadas también por estos. Es decir, la raza que llamamos "*grises*" fue también una creación de los mismos asimoss, mucho tiempo antes de que iniciaran el proceso de transformación del manu en el lhulu y después este se convirtiera en el *homo sapiens*, por lo que son mucho más antiguos que nosotros y tienen un nivel evolutivo, aunque incrementado artificialmente por elevación frecuencial y expansión tecnológica de su consciencia colectiva, de aproximadamente la mitad que el nivel evolutivo de los asimoss.

Los "grises", a lo largo de su historia como raza, fueron evolucionando y se produjeron, igual que con el ser humano, diferentes "modelos", que, inicialmente, tenían varios propósitos para los asimoss, aunque, en casi todos los casos, era el de servirles en sus "conquistas planetarias" y de ayudar a subyugar o poner en marcha los sistemas de control de aquellos lugares que colonizaban o conquistaban. Por lo tanto, y es posible que algunos ya lo sepáis, los seres humanos hablamos de tres tipos de "*grises*" según su altura: los "bajos", los "medios" y los "grises altos". Por muy simple y tonta que parezca esta clasificación, el desconocimiento de la humanidad respecto a ellos y lo poco que aquellos que se han encontrado con alguno han podido conocer de esta raza, hace que solo con el tamaño los hayamos clasificado para entendernos entre nosotros.

Por lo tanto, los "grises bajos" son aquellos que, hasta hace poco tiempo, estaban colaborando con los asimoss. Los "grises medios", se fueron con las primeras de cambio, siendo otro subgrupo que al tener mayor nivel de consciencia, inteligencia y tecnología, se ganaron el "derecho" a decidir si colaboraban o no con los asimoss, y luego, los "grises altos", hace mucho tiempo que se rebelaron completamente contra sus creadores y ahora forman parte de los grupos que, a pesar de la incredulidad que esto pueda suponer para muchos, están asistiendo a la raza humana mediante la ayuda al planeta para crear y mantener las estructuras de paso de una línea temporal a otra (es decir, no están interviniendo en la humanidad, pero sí que están ayudando a Kumar, junto con muchos otros grupos y jerarquías, a crear el entramado necesario para el trabajo que nosotros tenemos que hacer).

Los "grises bajos", además, son famosos por temas relacionados con las abducciones de seres humanos, usadas para estudiarnos con permiso de los gobiernos mundiales, que, en 1954, ratificaron un pacto con ellos que se inició en la época de Moisés para mantener el control sobre nosotros, a cambio de que las "élites" humanas tuvieran acceso a cosas como el transistor, el láser, la tecnología de los ordenadores, armamento, etc. Todo eso fue firmado por Eisenhower con los grises y en nombre de los asimoss y resto de razas, igual que en su momento el Moisés bíblico lo hizo con los amoss y los asimoss directamente (Yahvé bíblico= Júpiter romano = Zeus griego = Amón Egipcio = Enlil sumerio = uno de los jefes de un clan asimoss).

Dentro de las responsabilidades de los grises se encuentra la gestión de los eventos deportivos de la humanidad para extraer toda la energía posible de las masas de personas que se congregan cada día en miles de lugares del planeta. Debido a que estos eventos "modernos" son la continuación de los juegos y ofrendas a los dioses de antaño, se sigue recopilando la energía que millones de personas generan por la ansiedad, emoción, enfado, frustración y demás alteraciones energéticas en ellos que cada vez que hay un torneo, partido o competición se emiten en grandes cantidades al plano físico, etérico y mental de la Tierra. Con sistemas tecnológicos, de canalización y de distribución de toda esa energía, tanto los casi ya inexistentes primeros dos círculos de poder, como el tercer y cuarto nivel de control de la humanidad, disponen de recursos inagotables para controlar, mantener y seguir gestionado el sistema de vida en el planeta. Puede que suene divertido o tremendamente horroroso, pero si se considera que haciendo ganar o perder a un determinado equipo o deportista se puede generar más energía que con otro, los resultados y la manipulación energética de los partidos es moneda corriente y parte de sus tareas. Por lo tanto, no siempre gana el que mejor juega, sino el que puede producir con su victoria o derrota más cantidad de "combustible" para aquellos que lo necesitan y usan en nuestra contra.

Por otro lado, los grises poseen una consciencia colectiva, teniendo poca individualidad, de manera que cualquier orden o indicación que se les da, se transmite a la consciencia colectiva, y quienes están disponibles para llevarla a cabo se ponen a ejecutarla. Tienen cierto grado de libre albedrío para experimentar y hacer lo que deseen con los seres humanos mientras no se salgan de las directrices globales impuestas por asimoss para ellos.

La historia de esta raza está plagada también de dolor y sufrimiento, pues fueron creados como nosotros, pero dotados de un ADN muy pobre, con poco potencial, y solo se les permitía avanzar y evolucionar mediante procesos tecnológicos cuando era requerido. No han sido libres nunca.

Solo cuando los "grises altos" consiguieron huir en masa de uno de sus lugares de origen, que nosotros conocemos como la constelación de Zeta Reticuli, pudieron iniciar un proceso de desconexión del dominio asimoss y llevar su sub-grupo, los "*altos*", hacia una evolución natural y un crecimiento basado en el apoyo a otros grupos que se encontraban en su misma situación. Para los grises "bajos", su nivel evolutivo no les permite huir, ya que tras la escisión del grupo "alto", se redobló su control por parte de asimoss y, como los "grises medios" tenían ya mucho nivel para someterse a ese extremo, con estos últimos se hicieron acuerdos de cooperación según interesaba a ambas partes.

Finalmente, la historia de los "grises" no es la única en su género, tanto asimoss como otras razas con un conocimiento sobre genética y tecnología similar han creado muchas especies vivas y conscientes como nosotros y como muchas otras, y están repartidas por muchos lugares de la Vía Láctea. Es el poder en el sentido negativo que les otorga conocer las leyes de la genética y de la manipulación energética lo que les permite hacer lo que hacen, y es por eso, que, tarde o temprano, vamos a proceder a eliminarlos por completo de la faz de la galaxia, tanto a asimoss como amoss, cuando la humanidad de la línea 42, que aún no hemos explicado, se encuentre en el nivel adecuado para ello, pues ahora sí, ya no son un problema ni un obstáculo, y asistiremos, dentro de algún tiempo, pero lo haremos, a que no puedan volver a hacer lo que nos han hecho a nosotros, a los grises, o a incontables razas y grupos desde hace milenios. La causa-efecto, acción-reacción, siempre se cumple, y llegará el momento en el que tomaremos partido en el proceso.

Bien. Vista ahora la parte menos conocida de nuestra pirámide de poder, aunque es más correcto hablar de círculos del mismo, es necesario explicar por qué no nos dejan avanzar, no nos dejan en paz, intentan que no podamos seguir adelante. Pero, antes de ello, un inciso.

Es a partir de este tercer círculo de poder cuando podemos empezar a investigar y comprender al resto de jugadores en control, los famosos *"Illuminatis"*, los famosos miembros de sociedades secretas, los que mandan encima de los políticos y empresarios, los que deciden en los niveles intermedios. Aquí ya tenéis información, conocimiento y literatura y miles de libros a vuestra disposición, simplemente nos faltaba la primera parte del rompecabezas para saber quién está detrás de todo lo que ya más o menos sabemos sobre los que mueven los hilos del mundo. Para los que queráis leer sobre estos niveles de poder, tenéis en el *Yugo de Orión* una explicación más detallada de su estructura y sus sistemas de control y manipulación.

Entonces, ¿por qué no dan su brazo a torcer? ¿Por qué no nos dejan en paz? ¿Por qué siguen bloqueando, manipulando y dando órdenes por doquier para mantener a la raza humana sumisa y bajo control?

Ahora que sabemos quiénes son, la respuesta es algo más obvia, primero porque somos o hemos sido su alimento energético, algo de lo que ya hablamos en el primer libro de esta serie, pero eso no es en estos momentos lo más importante, sino que lo que les fuerza a impedir nuestra evolución y avance es que poseemos su ADN, sus propias características, habilidades, capacidades y potenciales, ya que nos los dieron para poder crearnos, y eso significa que tenemos ADN de las razas más importantes que hemos mencionado, y de otras muchas más, y que, si lo logramos activar y despertar, estaremos a su nivel y nos perderán como recursos y como elemento que pueden manejar a su antojo.

Pero tampoco eso es lo más importante, sino el miedo a que, una vez el ser humano active todo su potencial latente, que es igual y superior al potencial de todos ellos combinado, entonces podamos "salir" ahí fuera al universo, al menos a nuestra galaxia, y desmontarles el resto de sistemas donde otras razas están también bajo su control, o que podamos tomar su lugar como controladores y someterlas a ellas.

Esto parece ilógico al ser humano medio, ¿yo me voy a dedicar a someter a los asimoss o a recorrer la galaxia, como en las películas, para liberar a pueblos oprimidos por los amoss? No, no tiene sentido. Y ahora no lo tiene, pero recordad que el tiempo es simultáneo, y que todo existe de forma simultánea visto desde el plano mental del planeta, y que, si tienes la capacidad de percibir el desenlace de muchas líneas temporales, y de ver futuros a largo plazo, entonces puedes predecir posibles situaciones y ver si te interesa o no interesa que ocurran y hacer lo posible por cambiarlas. Y eso es lo que están haciendo, en alguna de esas líneas temporales, la que llamamos la línea temporal 42, y la que nos lleva al cambio de nivel evolutivo, la humanidad, en un futuro aún por venir a nuestra percepción lineal del tiempo, llega a tener una capacidad mayor que la de nuestros creadores, llega a tener un potencial activo enorme, llega a poder rebelarse si se diera el caso y vencer a estas razas, no solo en la Tierra, donde están en proceso de ser expulsadas, sino de otros dominios en nuestra Vía Láctea.

Eso está muy lejos para nosotros, eso es algo de ficción, producto de la imaginación de unos cuantos guionistas, pero es un futuro posible en una línea temporal en la que hay varios millones de personas sintonizados, y, por lo tanto, se convierte en un futuro probable aunque estemos hablando de siglos a la vista.

Puesto que siglos a la vista no es una medida temporal que parezca demasiado lejos a razas que viven miles de años, están asustadas, en sus términos y en su concepción del miedo, respecto a lo que podría pasar si conseguimos "pasar de curso" y poner en marcha el potencial presente y latente en nosotros, y, a partir de aquí, el resto ya lo podéis imaginar. Se han dado las órdenes y directrices desde el nivel 1 al nivel 2 de impedir a toda costa el avance y despertar de la humanidad, se han dado las instrucciones del nivel 2 al nivel 3 de ejecutarlo, y desde el nivel 3 se han dado instrucciones a todos los comités locales de control presentes en cada país, cada región, cada continente, en todos sus estratos, desde el financiero, militar, judicial, económico, farmacéutico, etc., etc. de hacer lo mismo, de mantener a la humanidad dormida, subyugada, entretenida, sumisa, controlada, pendiente de otras cosas, atontada, etc.

Y como cientos de millones de personas son inconscientes de todo esto, siguen bajo este control que dura ya milenios, y al que, nosotros, poco a poco, tratamos de poner fin, yéndonos de este tablero de juego, y moviéndonos al siguiente, a nuestra nueva realidad, a la que hemos denominado la "matrix 15.6Hz" por su frecuencia de vibración, y la que también estudiaremos más a fondo en breves momentos.

3. ¿Cómo está estructurado realmente el sistema de control de la humanidad? ¿Qué son los comités de miembros de antiguos linajes que rigen cada país y cada región? ¿Quiénes son los que se encuentran en cada círculo de poder?

Habíamos dejado el último capítulo explicando o mencionando que existen ciertos comités dependientes de los tres primeros círculos de poder que rigen cada país, cada región, cada continente, y que tienen bajo su mando todas las áreas de vida del planeta, en lo que respecta a la organización de la sociedad humana. Vamos a ver ahora en detalle que significa esto, y qué o quiénes son los que están en estos "comités" y porqué son 11 miembros, como hemos comentado.

Recordemos que el primer círculo de poder, el nivel más alto de la estructura de gestión del ser humano, estuvo formado por tres "personas", que eran asimoss en avatares humanos, dirigiendo a un segundo círculo de poder que estuvo formado por seis integrantes, que pertenecían cinco de ellos a las razas anteriormente en control más un miembro "original" del primer clan lhumanu que fue puesto como intermediario entre los asimoss y el resto de la especie humana en los inicios de su creación. Debido a una serie de circunstancias que explicaremos en breve, todos los miembros de los dos primeros círculos de poder están siendo expulsados del planeta, por lo tanto, ahora mismo, junto con los cada vez menos amoss y asimoss, hay "humanos" gestionado a la humanidad, pero ¿qué humanos?

Habíamos dicho que, del miembro "lhumanu original" depende el tercer círculo de poder, formado por 12 miembros, todos ellos ya humanos, en el sentido físico y energético del término, aunque con capacidades y potenciales activos que nosotros no podemos ni imaginar ni siquiera extrapolando lo que hemos visto en las películas y series de súper héroes. Y es que, como habíamos dicho, el ser humano tiene unos potenciales latentes que harían palidecer cualquiera de estas películas, y, en la mayor parte de estos niveles superiores de la estructura de control, están activados por derecho natural del vehículo que ocupan, ya que todos los topes, bloqueos, limitaciones e inhibidores que nosotros tenemos en nuestra estructura física, etérica, mental, etc., en estos 12 miembros del tercer círculo, y en el resto de la estructura de control, hasta prácticamente el quinto círculo o nivel de poder, no están presentes, y poseen todas sus capacidades completamente activas y funcionales.

Entonces, ¿de dónde provienen estos 12 miembros o "personas" que forman el tercer nivel de control? Habíamos dicho que son los descendientes de las llamadas "12 tribus de Israel". Esto ya empieza a despertar sospechas "religiosas" y a confrontar el sistema de creencias de muchas personas, empieza a activar los filtros presentes en la mente de la mayoría de nosotros y empieza a hacernos dudar de la veracidad de la información que estamos leyendo. ¿Por qué? Porque hemos sido programados para que así sea, de la misma manera que se programa un ordenador para que ejecute o bloquee algo, por ejemplo los programas antivirus o firewalls, de forma que, cuando entra cierta información por los sentidos que no es aceptada por nuestros propios sistemas de creencias, lo sepamos o no, se activen primero los programas de duda o de incredulidad, y luego el resto de programación asociada al bloqueo de todo tipo de información que vaya en contra del sistema de creencias preestablecido por nuestros controladores a través del inconsciente colectivo y de la programación en las esferas mentales que recibimos al nacer.

Así que vamos a intentar hacer que esta información llegue sin filtrar a la psique, y, para ello, necesitamos pedirle a nuestro ser o Yo Superior que deje pasar estos paquetes de datos como "información" y "conocimiento", nada más, como algo que puede ser real, aunque en el futuro lo podamos comprobar o no de manera más fehaciente, pero ahora, al menos, hemos de intentar que no se borren estos datos a los dos minutos de haberlos leído, pues, de ser así, no podremos ejecutar ningún proceso de análisis y comprensión que ayude a expandir la esfera de consciencia tal y como habíamos explicado en el primer libro de esta serie de *Dinámicas de lo Invisible*.

Por lo tanto, para esta información y todas las que han de venir, una petición a nuestro Yo Superior para que deje pasar sin filtrar, es decir, bloquee la activación de los filtros que diluyen y manipulan todo lo que no se desea que se sepa, nos ayudará a poder avanzar en compresión y aprendizaje. Y la petición, como siempre, la hacemos desde la personalidad hacia nuestro ser, tal y como habíamos explicado en el primer volumen.

Es esta, con una única vez que la hagamos será suficiente, con concentración, focalización y consciencia:

Solicito que se bloquee la activación de todos los filtros, tamizadores, programas, firewalls y arquetipos presentes en mis esferas mentales que limitan e impiden el paso de estos paquetes de datos, conocimiento e información que van en contra de la programación que poseo en mi mente y cuerpo mental, de manera que mis programas automáticos de evaluación de aquello que estoy aprendiendo no actúen bloqueando lo que se percibe contrario a mi sistema de creencias actual y permitan así que nuevas ideas, conocimientos y datos puedan ser registrados por mi cuerpo mental, todos los niveles de mi psique y mi alma. Solicito que esta petición se ponga en bucle con código de máxima prioridad para permitirme avanzar en mi camino, comprenderlo, entender el sistema de vida en el que me encuentro y poder desgranar los detalles del mismo en todo momento. Gracias.

Con esto ya podemos empezar a obtener y entender mejor todo lo que vamos a explicar a continuación y evitar que sea automáticamente diluido por los procesos de filtrado de la mente, que explicaremos más adelante en futuros libros, pues es un tema que debemos conocer en profundidad, una vez hayamos sentado las bases teóricas para todo lo que es necesario saber antes.

Bien. Habíamos dicho que el tercer círculo de poder está formado por 12 miembros que son herederos de lo que normalmente se conoce como las "12 tribus de Israel". Puesto que afortunadamente existe algo de información histórica al respecto, os animo a ir a Internet y leer algo sobre la historia bíblica del pueblo hebreo, teniendo en cuenta la cantidad de distorsión y manipulación que existe al respecto, pero solo para que podáis comprender de dónde sale el concepto de las 12 tribus o clanes que formaban originariamente el pueblo judío.

Lo que a nosotros nos interesa es conocer cómo es posible que, en uno de los niveles más altos del sistema de control, se encuentren 12 personas que tienen linajes tan antiguos, y que se han ido traspasando el poder y la posición jerárquica generación tras generación, sin mezclarse con nadie que no tuviera su propio ADN "puro" en este aspecto y que no fuera descendiente directo de estos clanes hebreos originales. La razón por la que están estos clanes en el poder está relacionada con la decisión por parte de los asimoss de quitarles el control de la humanidad al pueblo egipcio, el dominante en aquella época tras la caída de la civilización atlante, de la que ya hablaremos más adelante intentando evitar la fantasía y manipulación del tema que hay por doquier en la red y en cientos de publicaciones, y de traspasar el control de todos los lhumanus a otra parte o clanes de los mismos.

¿Y por qué decidieron quitarles el poder y la gestión de la humanidad de los sacerdotes y miembros de la realeza egipcia que la había ostentado hasta entonces y pasarla al pueblo hebreo?

La razón tiene que ver con las luchas internas entre los diferentes clanes y grupos de la raza asimoss. Habíamos mencionado en el último capítulo del primer libro que no son una sola raza, sino una serie de razas que comparten una genética muy parecida, de origen reptoide y sauria, y cuyo planeta base, también en la constelación de Amiris (Alfa Draconis), como los Amoss (Dracos), alberga diferentes sub-especies de la raza asimoss. Por lo tanto, en las peleas y guerras por el control de la humanidad, una parte de los asimoss favoreció a los lhumanus en poder en la época atlante, que, al destruirse, pasaron regir el imperio Sumerio y luego Egipto, y, otra parte de los asimoss, estaba en contra de que estos grupos de lhumanus, que no les eran sumisos a ellos, fueran quienes dirigieran a todos los demás.

Puesto que de información sobre la adoración a múltiples dioses de la antigüedad tenemos volúmenes escritos, podemos entender que quien adoraba al dios tal, no adoraba al dios cual, y esto hacia que los diferentes clanes asimoss, a los que pertenecían todos esos "dioses" estuvieran enfrentados entre sí también por el control de los lhumanus, y por poner en posiciones de poder a los clanes y grupos de estos que les eran "siervos" a su causa y órdenes.

Por lo tanto, en estas luchas internas, el grupo que favorecía la idea de que clanes hebreos tuvieran el poder sobre el resto de la humanidad de entonces, consiguió que fueran los miembros de las tribus originales del pueblo de Israel los que recibieran el conocimiento y la información sobre cómo manipular y controlar al conjunto de todos los humanos. Esto se hizo a través de un pacto, un acuerdo, en el que el Moisés bíblico, personaje real pero no con las connotaciones "santas" y "sagradas" que explica la religión e historias relacionadas, obtuvo el conocimiento de lo que hoy en día se conoce como la "cábala", un sistema de gestión y manipulación de la realidad en el planeta, a cambio de sumisión a uno de los clanes asimoss, dirigidos por el asimoss que los sumerios llamaron Enlil, y que los hebreos convirtieron en su deidad bajo el nombre de Yahvé. A partir de aquí, y con el apoyo amoss al clan de Enlil, Moisés recibió todos los algoritmos, poderes, tecnología y conocimiento para poder usurpar el poder a la élite sacerdotal y faraónica egipcia, de manera que, desde ese momento, los "10 mandamientos", que no son tales, se convirtieron en el manual de gestión de la realidad y de la sociedad lhumanu de esa época, perdurando hasta ahora su control y poder sobre la misma.

Por lo tanto, en el tercer círculo de poder, se posicionaron 12 representantes de los clanes hebreos del momento, que, sometidos a los miembros de las razas en control del segundo círculo, y al miembro "humano" del primer clan lhumanu presente en él, iban a regir el resto de la sociedad hasta "el fin de los tiempos".

Además, es necesario explicar que los libros y conocimiento de la cábala que es pública hoy en día, y que algunos eruditos pasan la vida estudiando, es menos del 1% del conocimiento real sobre la estructura de la realidad y del planeta Tierra, del sistema solar y de las leyes cósmicas, del funcionamiento del ser humano y de su manipulación, estando este conocimiento bien guardado en estos niveles de poder jerárquico y habiendo sido entregado solo al pueblo hebreo "medio", incluidos sus élites políticas, religiosas y demás, una ínfima parte del verdadero conocimiento que la cábala, como línea de información y sabiduría, representa. Así, la cábala es hoy en día la herramienta de control más potente que existe, pero no porque lo que podamos leer en los libros que podemos encontrar en nuestro mundo tengan ese conocimiento oculto en ellos, sino porque lo que no está publicado, ni transmitido más allá del cuarto círculo de poder, es lo que realmente contiene la información que permite la gestión de todo un planeta y su sociedad, sin que nadie más sepa cómo hacerlo, excepto, por supuesto, nuestros Yo Superiores y todas las fuerzas que nos asisten. Y eso es lo que va a hacer que empecemos a nivelar el terreno de conocimiento y herramientas para ello, pues nos lo irán entregando conforme vayamos aprendiendo y comprendiendo mejor este y otros temas.

Por lo tanto, el tercer círculo de poder en el planeta lo forman 12 miembros, el doble que seis y este el doble que tres, cada círculo una octava superior en número, pero una octava menor en poder. Y bien, ¿por qué entonces hay 11 miembros en los comités y grupos de gestión locales? Vamos por pasos, aún tenemos que explicar que hay en el cuarto y quinto nivel de poder y a partir de ahí entenderemos mejor la situación.

Como ya podéis suponer, el cuarto nivel de poder en nuestro planeta está formado por 24 personas. Un comité que en algunos libros se ha llamado los *"Incunabula"*, y es un nombre que es real hasta cierto punto, pues fue dado por ellos mismos para referirse al concepto de que son tan antiguos como el conocimiento, antes de que ese mismo conocimiento estuviera puesto en libros impresos que la humanidad supiera leer y entender.

Así, estos *Incunabula*, 24 miembros, todos humanos, con alma y Yo Superior, pero sin empatía, sin cuerpo emocional, sin ningún tipo de concepción sobre el prójimo, el amor y emociones relacionadas, y ya veremos más adelante porqué esto es un requisito para formar parte de los círculos de gestión, obedecen las órdenes del tercer nivel de poder y las pasan al quinto.

De nuevo, aún estamos lejos de los grados de control *"Illuminati"* de los que todos hemos oído hablar, de masones u otras sociedades secretas. Estos niveles que estamos tratando ahora están muy por encima del nivel jerárquico "Illuminati" más alto, muy por encima de cualquier personaje "poderoso" que nos venga a la mente, que solo son títeres y marionetas al servicio de niveles de gestión por encima de ellos en poder, capacidades y conocimiento.

Entonces, ¿quién está en el cuarto círculo? ¿Quién toma esta posición? ¿Cómo se accede al mismo?

El cuarto círculo de poder es una membresía hereditaria de las familias que, siendo parte de las 12 tribus de Israel, apoyaron a Moisés en su momento y lucharon para la "liberación" del pueblo hebreo y extendieron su hegemonía por todo el planeta. Por lo tanto, se les obsequió con plazas en el cuarto círculo de poder a las dos "familias" o clanes judíos con mayor jerarquía dentro de cada una de las 12 "tribus", quedando la posición correspondiente al tercer nivel de poder para el patriarca activo de esas familias, tribus o clanes.

Espero que se vaya entendiendo, el patriarca y miembro "supremo" de cada una de las 12 tribus de Israel es quien ocupa el "sillón" de poder en el tercer círculo y un miembro de cada una de las dos familias más poderosas de cada tribu o clan original ocupan el sillón que les corresponde en el cuarto círculo de poder.

Huelga decir, pues parece obvio, que el sitio de reunión del tercer y cuarto círculo de poder es el estado de Israel en estos momentos, como ha sido desde su expulsión y "éxodo" desde Egipto en la época de Moisés.

Hemos mencionado también que es un requisito no poseer ningún tipo de empatía, emociones relacionadas con el amor al prójimo y nada por el estilo que pudiera comprometer las decisiones y ejecución de las órdenes que se reciben desde los círculos superiores. Pero claro, si en este nivel eres "humano", y has nacido con ciertas características "humanas" en mayor o menor grado activadas, ¿cómo se hace para inhibirlas? Aquí entramos en algo que también nuestra mente rechazará en algunos casos, por entender que se trata de fantasías de serie de televisión: las ceremonias iniciáticas en los diferentes niveles de las sociedades y clanes más poderosos del planeta.

¿Ceremonias iniciáticas? ¿Esto qué es? Todos habréis visto más de alguna serie o película donde se hacen algún tipo de ritual o evento en el que el "candidato" a ser miembro de la orden tal o del grupo secreto cual se somete a una serie de circunstancias ritualistas. Mientras que algunos de estos posibles rituales pudieran tener fines "evolutivos" para despertar cualidades y potenciales inherentes al ser humano, en estos niveles del sistema de control los rituales y ceremonias iniciáticas tienen como objetivo sacar de la persona la parte "álmica" positiva, entendido como eliminar las facetas del alma, que explicamos en el primer libro, que nos dotan de las cualidades "humanas" que todos asociamos a ser una "buena persona".

Así, energéticamente, se puede extraer, inhibir, bloquear y desprogramar facetas en el alma, pues en parte no deja de estar formada por cualidades que son programas insertados en ella, tanto los positivos como los negativos, de manera que mediante este mecanismo energético creado por el ritual que sea la persona elimine de sí todo atisbo de empatía, compasión y compresión del prójimo, ya que, de lo contrario, es imposible ejecutar y formar parte de niveles donde se toman decisiones que juegan con la vida de millones de seres humanos cada día.

Muy bien, ahora que hemos más o menos ubicado ya a los miembros de los cuatro primeros niveles del sistema de gestión de la humanidad, vamos al quinto y último que nos toca entender. El quinto círculo de poder tienen 48 miembros, una octava superior en número de personas, el doble que el anterior, una octava inferior en poder.

Los 48 integrantes de este quinto círculo de poder son miembros de lo que hoy conocemos como la monarquía, las casas reales, los reyes y reinas que aún rigen el sistema político de todos los países del mundo, por mucho que las constituciones y tratados y leyes políticas los mantengan como meras figuras decorativas, o eso pueda parecer. Pero la realeza del planeta, en todo el globo, en todos los países donde aún hay un rey o una reina, forman parte de este círculo, el quinto, recibiendo órdenes del cuarto, y pasándolas e interactuando directamente con los comités locales de control y gestión de la humanidad en cada país.

¿Cómo llegaron a obtener este poder? Es antiguo, como ya podemos imaginar, pues de las clases sacerdotales y de las élites de las primeras versiones de la humanidad de hace miles de años fueron naciendo los diferentes "puestos de mando" que separaron al clero de la realeza, a la parte militar de la parte religiosa, a la parte "ejecutiva" de la parte "manipuladora" y "coordinadora". De este modo, reyes y reinas de entonces y de ahora se repartieron el poder con los poderosos miembros de la parte "religiosa" de antaño, y se les otorgó el poder de regir a la humanidad desde el quinto círculo del mismo mientras estuvieran sometidos a todos los niveles anteriores que ya hemos explicado.

Además, dentro del quinto círculo de poder hay grados jerárquicos, siendo la monarquía inglesa la que posee el mayor de ellos, por lo tanto, el resto de monarquías están sumisas y son sub-sirvientes de esta y acatan las directrices, que, internamente, se transmiten a los miembros de las diferentes realezas, para que ejecuten y pongan en marcha ciertas octavas y procesos, diseñados y decididos por los niveles superiores.

Aquí es cuando ya empezamos a ver la introducción en los niveles de poder conocidos como los grados *Illuminatis*, aparecen miembros de las sociedades secretas tipo rosacruces, masones, martinistas, "luciferianas", y todas las demás, que, o bien tienen estrechos lazos con este quinto círculo de monarcas o bien forman parte de los comités locales de gestión, que ahora veremos.

Por lo tanto, ¿quién manda en un país? ¿Quién decide lo que sucede en un lugar o en otro? ¿Quién decide si un país prospera o se hunde en la miseria? Lo deciden los miembros de un comité de 11 personas que se encuentran en todos y cada uno de los países que existen en la Tierra, coordinados por comités que rigen las estructuras macro a nivel de continente, y coordinados por miembros de los círculos de poder de nivel tres, cuatro y cinco.

¿Quiere decir esto que hay un grupo de 11 personas que dicta lo que pasa en mi país o zona? Correcto. Este grupo de 11 personas está directamente relacionado con el tercer grupo de poder y las 12 tribus de Israel, pero, entonces, ¿por qué son 11 y no son 12? Por un pacto entre ellas que ahora vamos a explicar.

Cuando a Moisés se le entregó la cábala, esta se dividió en 12 partes de manera que cada tribu tuviera uno de los bloques de conocimiento necesarios para la gestión de la humanidad. Esto aseguraba que el pueblo hebreo siempre estaría unido, pues se necesitaban mutuamente para poder poner en marcha todos los mecanismos de manipulación y sumisión que Yahvé, Enlil, había ordenado para el resto de lhumanus. Pero la gestión y la logística así era muy complicada, por lo tanto, la tribu de Moisés llegó a un acuerdo con el resto: su clan sería el depositario de los 12 bloques de conocimiento e información que habían recibido, pero la gestión de la humanidad quedaría en manos de las once tribus restantes, de manera que una de ellas se hacía con la coordinación de la información y renunciaba al poder "directo", mientras que las otras 11 se repartían las diferentes áreas de vida que iban a controlar a lo largo y ancho la sociedad y el planeta.

Por lo tanto, se instauró, y de esto hace ya muchos siglos, poco después del pacto de Moisés con Enlil, el sistema de control de un comité local en cada zona del planeta donde hubiera población humana autónoma, es decir, en cada región donde hubiera un sistema "político" y económico, allá se instauró un comité. Estos sistemas y regiones fueron pasando por varios estados, imperios, conquistas, cambios y variaciones, pero siempre se mantenían bajo el control de los 11 miembros que regían esa zona o lugar, de manera que no importaba si ahora el imperio X se dividía en trocitos por las guerras internas, pues simplemente se creaba un nuevo subcomité de 11 miembros descendientes directos de las mismas tribus de Israel originales y estas pasaban a controlar el nuevo país, región o zona que se había separado de la anterior, había sido conquistada o había sido simplemente arrasada en cualquier contienda generada por los niveles inferiores del sistema de control que aún no hemos visto.

De esta manera, no existe país en el planeta que no tenga este comité de los 11 y son judíos todos sus miembros, en el sentido más puro del linaje, no en el sentido religioso, que no deja de ser una tapadera a algo que se transmite a través de los genes y del ADN, y no por profesar o abrazar un sistema de creencias.

Esto hace que ningún sistema político en ningún país pueda decidir por sí mismo que hacer y qué no hacer, sino que son los comités de los 11 los que gestionan y toman todas las decisiones a nivel político, económico, educativo, religioso, social, cultural, financiero, etc. Cuando los niveles inferiores de este sistema de control se rebelan, se pelean entre sí o no desean acatar las órdenes de este comité de gestión, el país se vuelve un caos, se organizan revueltas sociales manipuladas, crisis económicas, guerras e invasiones, etc. Cuando los miembros en el poder en los niveles inferiores quieren ir por libre se les liquida, se les sustituye, se borran del mapa o se montan las situaciones para que dejen el cargo. Cuando un político en un país quiere servir a su pueblo y no a sus élites, el país es invadido, el país es masacrado, el país es subyugado, y, de esto, creo, todos habréis conocido ejemplos a lo largo de vuestra historia como humanos en esta y otras encarnaciones, y habréis visto lo que sucede cuando una sociedad, cultura, grupo o clan no quiere acatar a otro que viene a imponerle su sistema de vida, económico o político.

Por lo tanto, y con esto acabamos este capítulo, el sistema de vida en la Tierra, actualmente, es un complejo entramado de personas que dirigen todas las áreas en las que el ser humano medio pueda existir, y deciden como y cuando las cosas se van a ejecutar y de qué manera. Además, estos comités, por ejemplo todos los que forman los comités nacionales de los países europeos o americanos, están coordinados por un supra-comité de 11 miembros a nivel continental, de manera que los 11 que rigen "Europa", mandan a los 11 que rigen cada país o región de Europa y así en cada continente.

Veremos en el siguiente tema las luchas de poder que existen en este nivel e inferiores, y así comprenderemos también porqué hay países que se enfrentan a otros, porqué hay regiones que no están tan sometidas a estos poderes o eso aparentan y porqué parece haber figuras públicas que aparentan luchar contra el sistema de control. Como veremos, una parte es apariencia, y otra, un intento de que cada uno adquiera, y se quede, con el mayor trozo del pastel posible dentro de la tarta del poder que representa cada nivel jerárquico de esta estructura.

4. Luchas de poder entre miembros de los círculos de control de la humanidad. ¿Cómo se pelean entre ellos y como se unen cuando es necesario para la agenda?

Ahora que ya conocemos el entramado de los cinco primeros niveles del sistema que ostenta el control de nuestra sociedad, veremos brevemente los siguientes estratos de poder y entraremos en las explicaciones pertinentes para entender, ahora sí, algo que todos podemos ver en nuestros medios de comunicación, telediarios, prensa y sistemas de información o desinformación.

Y es que todos estamos acostumbrados a ver, cada día, noticias sobre qué tal país se pelea con tal otro, que tal político ejecuta algo contra tal otro, que tal empresa manipula o ataca a tal otra, que tal región invade a otra, y cosas así. Si el sistema de control que hemos explicado está tan organizado y tan bien jerarquizado, ¿cómo es posible que estén unos contra otros luchando o enfrentándose entre sí, peleándose por más recursos, poder o riquezas naturales?

La razón es que a partir del quinto nivel de poder, este sistema de control posee más rienda suelta y menos restricciones para gestionar a la sociedad a nivel local como quieran, mientras acaten las directrices globales, para la humanidad en general, impuestas por los niveles de poder superiores. Esto quiere decir que no les importa, a los miembros de los niveles del 1 al 4, que dos países se enfrenten en un conflicto entre sí, mientras ambos países estén bajo control de los mismos grupos que mantengan a la población subyugada al sistema global.

Esto significa, también, que mientras todo ser humano siga siendo, en primer lugar, "pila energética" para mantener la estructura no física de control de la humanidad funcionando, segundo, ha sido alimento para las razas en control, y, tercero, sustento y mano de obra para que la maquinaria de la sociedad siga su curso, lo que suceda a nivel geopolítico, bancario y económico, social o cultural, hasta cierto punto, no les importa a esos primeros círculos de poder que dejan, incluso, que las luchas por obtener más cuota del mismo en los niveles del 6 al 10 tengan lugar, si con eso además, se purga a personas de estos estratos inferiores del sistema de control que puedan no ser aptas para ir subiendo de escalafón cuando sea necesario.

Por lo tanto, ahora nos será más fácil entender por qué, a partir del nivel 6, donde nos encontramos a personajes semipúblicos bastante influyentes en todos los ámbitos, que tienen mucho poder económico y político o empresarial, que forman parte de sociedades "secretas" en sus niveles más altos, que forman parte de los sistemas religiosos y de todas sus instituciones en la cúspide de la misma, que forman parte de los niveles "top" de las agencias secretas de todos los gobiernos, que forman parte de linajes y familias muy antiguas de las que todos seguro habréis oído hablar como aquellos que controlan el mundo, y que, en general, solo hacen que pelearse entre sí a nivel local, regional, nacional o mundial por parcelas de poder dentro del círculo que les corresponde, en este caso los estratos desde el nivel 6 al nivel 10, pues nadie puede subir al nivel 5 si no es emparentándose con alguno de los miembros de alguna de las casas reales, lo cual lleva a que personajes del nivel 6 intenten colocar sus contactos y familiares en este círculo de la realeza, o que simplemente por tener un linaje con un cierto ADN les venga bien a los miembros del nivel 5 emparentarse con alguien de los niveles del 6 al 10 para asegurar descendencia que ocupen puestos de poder en el nivel 5, pero con un ADN lo más "puro" posible.

Es todo un entramado de relaciones e intrigas aquí, al estilo de la serie "Juego de Tronos", donde decenas de investigadores han entrado lo suficiente para darse cuenta de las peleas y luchas entre familias, clanes, empresas, países y grupos por el control político, social y económico.

Por lo tanto, estos niveles, del sexto círculo al décimo, ya no tienen la obligación de mantener un número de miembros determinado que siga la ley de las octavas, por lo que solo hasta el quinto círculo de poder se ha ido doblando en cada estrato el número de personas que pueden pertenecer al mismo. Así, para el sexto círculo de poder, hay unas 100 personas que ostentan ese nivel jerárquico en todo el mundo, para el séptimo, hay más de 300, para el octavo nivel hay más de mil y para los dos otros siguientes, hay unos pocos miles distribuidos por todos los países a nivel económico, político, judicial, empresarial, religioso, cultural, etc.

Esto provoca todas las guerras, batallas, luchas o conflictos, pues si se desea manipular a una parte de la sociedad para bajar la vibración de las personas, incrementar su emisión energética o someterles debido a cualquier situación que se esté dando en ese momento en ese lugar, simplemente se da la orden desde los círculos superiores de ejecutar "algo" para conseguir aquello que se desea. Ese "algo" queda en manos de los niveles inferiores, el tercer y el cuarto, que diseñan qué debe ser puesto en marcha: una guerra, una epidemia, una crisis económica, etc., y dan las instrucciones al quinto nivel que entonces traspasa y marca las reglas básicas de actuación para los niveles del sexto al décimo, pero dejando ya en manos de los ejecutores de estos últimos niveles el "cómo" y el "de qué manera" hacerlo.

Por lo tanto, ¿se puede crear una pandemia solo para que las farmacéuticas ganen mucho dinero con la vacuna? Sí, pero eso es solo el efecto de la causa puesta en marcha por otros niveles superiores ya que esa pandemia es necesaria, por ejemplo, para ejecutar una reducción en la vibración energética de una zona donde se está elevando por encima de lo aconsejado, así que, a los miembros del tercer nivel les importa poco si la pandemia la ejecuta la empresa A o el gobierno B, si esta empresa farmacéutica ganará más dinero o si el gobierno local conseguirá más cuota de control de su sociedad o menos, lo que importa es que se baje la vibración y la energía y estado evolutivo de una zona, país, región, etc., y el resto se va dejando en manos de los niveles cada vez más cercanos al ser humano "medio", que solo ve y percibe como hay otra crisis económica, como hay otro conflicto en marcha, como vuelve a brotar la enfermedad X, etc.

Puesto que, además, la consigna principal es mantener sometido al ser humano en todo momento, exhausto, distraído y sin posibilidad de evolucionar, hay mucha manga ancha para que todos los niveles inferiores hagan cuanto deseen, incluyendo atacar o pisar a miembros de los mismos círculos de otros países para obtener control sobre los recursos que estos gestionan, de manera que, siempre, desde los niveles 6 al 10 estén provocándose entre ellos, gestionando la humanidad como les dicen que tienen que hacer, e incluso matándose, purgándose y llevando a cabo guerras internas entre los propios grupos de poder a nivel geopolítico, empresarial, bancario y económico, etc., para ver quien acumula más fuerza dentro del círculo al que pertenece.

Por lo tanto, la explicación de porqué aquellos que pertenecen a estos estratos luchan entre sí ya la tenemos: porque simplemente están en posiciones donde quien domine al resto obtiene más puntos para subir en la escala jerárquica dentro de esos mismos círculos, que se mide en grados, 360º de ellos, como en una circunferencia, de manera que se otorgan "grados jerárquicos" a todos los miembros desde el sexto círculo al décimo, siendo estos grados jerárquicos los conocidos como el sistema organizativo de las sociedades secretas, y cuyas divisiones van desde el grado 1 al grado 360, de los cuales solo los 33 primeros grados son los más conocidos para el público por ejemplo dentro de la masonería, y, a partir del grado 34, el resto se dividen en cinco círculos internos: el primero va desde el grado 34 al 72, el segundo del 73 al 90, el tercero del 91 al 180, el cuarto del 181 al 270, y el quinto del 271 al 360, correspondiendo el quinto grupo de grados, el más alto, al sexto nivel de poder dentro de la estructura total, el cuarto grupo de grados, al séptimo nivel de poder, el tercer grupo de grados, al octavo nivel de poder, el segundo grupo de grados al noveno nivel de poder, y el primer grupo de grados, es decir, desde los grados 34 al 72, al décimo nivel de poder.

Veámoslo en un esquema todo junto para que se entienda mejor lo que hemos explicado hasta ahora:

Primer círculo de poder: 3 asimoss en cuerpos "humanos"

En proceso de expulsión del planeta

Segundo círculo: 6 miembros, 1 por cada raza en control y un "lhumanu" original en cuerpos "humanos"
Grupos subsirvientes: "Grises bajos"

Tercer círculo: 12 miembros, uno por cada descendiente de las 12 tribus originales de Israel

Poderes actuales en control

Cuarto círculo: 24 miembros, uno por cada descendiente de las dos familias más poderosas dentro de las 12 tribus originales de Israel

5º círculo: 48 miembros, realeza de todo el planeta

6º Círculo de poder: grados del 271º al 360º en las sociedades "secretas"

7º Círculo de poder: grados del 181º al 270º en las sociedades "secretas"

8º Círculo de poder: grados del 91º al 180º en las sociedades "secretas"

9º Círculo de poder: grados del 73º al 90º en las sociedades "secretas"

10º Círculo de poder: grados del 34º al 72º en las sociedades "secretas"

Ahora que ya lo tenemos diagramado, veamos entonces este tema de las "sociedades secretas".

Como muchos quizás sabéis, también hay bastante literatura al respecto y opiniones de todo tipo sobre lo que son o dejan de ser. Oficialmente, hay más de 50 escuelas, logias y sociedades que poseen algún tipo de carácter o filosofía ocultista, metafísica, esotérica e iniciática en el planeta, repartidas por todos los países, culturas y zonas de la Tierra. Muchas de estas, las cinco o seis principales, se remontan al antiguo Egipto y con conocimiento obtenido o traído desde la época Atlante, otras, son simplemente escisiones, bifurcaciones, ramificaciones o extensiones de las primeras.

Todas estas sociedades y escuelas iniciáticas, tengan el nombre que tengan y sigan la filosofía que sigan, pues están adaptadas a la región del planeta donde tuvieron su origen y a la mentalidad de sus primeros fundadores, están coordinadas por una única "sociedad" que recibe el nombre, en general, de la Hermandad Blanca de Egipto, que no deja de ser un nombre "poético" para un grupo de personas en las "élites" de todos los otros grupos y sociedades coordinados entre sí, con mucha fantasía y distorsión publicada para el público en general sobre lo que son o dejan de ser, para poder ir gestionando a todos los miembros que, como hemos dicho, en todos los círculos y grados jerárquicos intermedios desde el 34 al 360, se van peleando o van tratando de subir en el escalafón de estos grupos, sean masones, rosacruces, martinistas, ocultistas, luciferinos, satanistas o como sea que la escuela o sociedad como tal haya decidido presentarse en sociedad.

Por lo tanto, una vez los candidatos han pasado muchos años en las logias y niveles intermedios, en los grados "públicos" que son los normalmente conocidos por la gente en general (por ejemplo los grados masones del 1 al 33 o los grados rosacruces del 1 al 18 que son equivalentes en contenido y formación), se les ofrece la oportunidad, a algunos elegidos, de seguir adelante en la escala de control hasta que acceden a los niveles más interiores de la estructura que va desde el círculo de poder 10 al círculo de poder 6.

Puesto que dentro de cada país, zona, región o continente, los miembros de estos niveles están enfrentados entre sí, luchan por más cuota de gestión y siguen queriendo subir de categoría, no dudan en usar sus recursos, contactos, conocimientos y poderío económico, militar o político para subyugar, manipular, hacer caer a otros, poner a aquellos que les apoyan en poder, eliminar adversarios o hacerse con los recursos del país de al lado para favorecer sus intereses.

Ahora bien, ¿qué sucede si deben todos cooperar para un bien mayor impuesto por los niveles superiores? Que todos acatan, y, entonces, todos los miembros de todos los estratos de todos los círculos desde el quinto hasta el décimo, ejecutan sin rechistar las órdenes de aquellos en los niveles 1-4, ya que, si no lo hacen, simplemente son eliminados. De esta manera se asegura la cooperación entre todos ellos cuando es necesario, y se les deja libertad para que se peleen y luchen y manipulen como lo deseen cuando va todo como se desea por los niveles superiores.

Es un juego donde nadie está a salvo, y en la medida que accedes a jugar, te encuentras en medio de una batalla en la que una parte del fuego cruzado viene de tus "socios" y "compañeros" de tu mismo nivel jerárquico y otra parte viene de niveles inferiores, adyacentes o superiores, tratando siempre de que cada uno obtenga para si lo que desea sin importar lo que suceda a aquellos que están fuera de todo este entramado, y que desconocen por completo los tejemanejes de la sociedad, pero que, por el contrario, son los más afectados, es decir, las personas "normales", el ser humano "medio", que solo vive el efecto y la reacción de todo aquello que se mueven entre bambalinas, en reuniones secretas, en encuentros anuales realizados por los miembros de tal o cual nivel, en ceremonias dentro de las propias sociedades secretas, y todo aquello que, aun pareciendo de película de ficción, es mucho más real de lo que cualquiera de nosotros pudiera llegar a imaginar.

5. Agendas y planes para la humanidad a medio y largo plazo.

Antes de empezar este tema, es importante dar algunas pinceladas y explicaciones sobre porqué hemos dicho varias veces que los dos primeros círculos de poder ya casi no existen en el planeta, o lo que es lo mismo, que ha sucedido para que asimoss, amoss y miembros del resto de razas estén a punto de desaparecer.

La razón es que están siendo expulsados. Depende del momento en el que leas este libro, y depende si has seguido a través de los artículos publicados en mi blog *davidtopi.net* todo el proceso que se ha vivido desde finales del año 2018, muchas fuerzas, grupos, jerarquías, el propio logos planetario y la combinación del trabajo de millones de seres humanos a través de sus Yo Superiores se pusieron a expulsar y extraer a todos los asimoss, a todos los amoss, a todos los alomiss, animiss y a todos los miembros del resto de razas que han estado en control de nuestra sociedad desde hace milenios, literalmente, desde que nos crearon.

Debido a esta intervención enorme que se está produciendo en este inicio del año 2019, la combinación de todas esas fuerzas está consiguiendo romper el primer y segundo nivel de poder en el planeta y sacarlos paulatinamente del mismo, dejando principalmente solo a los miembros "humanos" del tercer y cuarto nivel en control total de la humanidad en este momento. Esto ha facilitado que, además, se empiece una limpieza energética de las diferentes capas y planos de la estructura de la Tierra, que se expulsen también millones de entes no físicos en polaridad negativa, etc. Por lo tanto, todo lo que antes estaba regido y dirigido por asimoss y amoss y otros, ahora está pasando a estar controlado por los miembros "humanos" de los círculos inferiores tres y cuatro, a medida que cada vez quedan menos miembros de estas razas anteriormente en control.

Por lo tanto, volviendo a estos, cuando todo el sistema de control que hemos visto se terminó de instaurar, o, mejor dicho, se fue instaurando y consolidando poco a poco, los diferentes planes y agendas a medio y largo plazo que tenían para la humanidad pudieron verse implementados de forma más eficaz al poseer, ya desde la más remota antigüedad, medios para acceder a todas las áreas de vida de la humanidad de todos los tiempos, mediante el trabajo de los diferentes integrantes de cada uno de esos círculos de poder en los que se confiaba para que ejecutasen las órdenes y directrices que venían desde los niveles más altos, y desde las razas en control.

Así, con el tiempo, cada vez se hizo más sencillo ir extendiendo los tentáculos cual pulpo iba entrelazando sus brazos de poder hacia la masa de lhumanus, hacia la masa de los seres humanos en cada estadio de desarrollo, en épocas en los que era fácil y sencillo llevar a cabo esta manipulación por la falta de cohesión entre los humanos de entonces, y por la falta de medios tecnológicos para la comunicación, la asistencia y el trabajo conjunto entre ellos.

De esta manera, milenios antes de que existieran ni siquiera las primeras invenciones tecnológicas que pudieran poner en peligro al sistema de gestión si los humanos se comunicaban entre ellos cualquier sospecha de manipulación o sometimiento, ya estaban también los medios de control de daños preparados por si algo así ocurría.

La famosa torre de Babel no es sino la primera medida tomada contra la humanidad para impedir que nos entendiéramos unos con otros, y esto solo en represalia por un proyecto donde los humanos de entonces pretendieron construir una torre que les facilitara el acceso a la morada de los "dioses", así que, si solo con ese intento de llegar hasta donde ningún lhumanu se había atrevido a llegar decidieron separarnos a todos en grupos, clanes y sociedades donde cada una tendría un idioma diferente, pensad todo lo que además se ha ido implementando para que nunca tuviéramos la ocasión de estar unidos como especie, que nunca viéramos al prójimo como parte de nosotros mismos, que siempre nos temiéramos unos a otros, que siempre estuviéramos en guerra y conflicto entre nosotros, y, en definitiva, que siempre hubiera alguna razón para que la humanidad estuviera enfrascada en pelearse con ella misma por mil motivos diferentes, fueran religiosos, culturales, económicos, por recursos, etc., ya que no importaba porqué nos peleáramos, mientras lo hiciéramos.

Esto ha facilitado la gestión de la humanidad que se mantiene ocupada atacándose a sí misma dentro de los parámetros de un sistema de control que ninguno de nosotros llegamos a entender por completo, y, ni mucho menos, hemos sido conscientes del mismo en la práctica totalidad de nuestra existencia como especie "inteligente". Que ahora intentemos sacarlo a la luz e intentemos explicarlo es solo el primer paso para llegar a liberarnos del mismo, pero nos queda aún mucho trabajo por hacer, y mucho camino por andar, pues pocas personas aún en el planeta están dispuestas a aceptar la realidad del sistema bajo el que vivimos, habiendo estado todos los seres humanos, como lo estamos, sujetos a la manipulación constante de nuestra psique, por la inserción y manipulación de patrones y programas mentales, sistemas de creencias y conocimiento falso a través de los medios "oficiales", del inconsciente colectivo o de cualquier otra fuente que nos haya ido proporcionando la información que se quería que tuviéramos sobre cómo funciona nuestra realidad, nuestro mundo y nuestra sociedad.

Esto, por un lado, nos ayuda a entender, por comparativa, que es lo que necesitamos desmontar en nuestro interior, pero hace muy ardua la tarea de poder hacer llegar esta visión y conocimiento a la masa de seres humanos.

Leer este libro, o cualquier otra fuente que nos proporcione información que vaya en contra de lo establecido por el sistema de control existente es una manera de comprobar cuanto aceptamos o descartamos este tipo de ideas, y cuanto de activos y eficaces son los filtros y tamizadores de nuestras esferas mentales para, rápidamente, desechar y poner en marcha los programas que tachan de "ficción" una gran parte de este conocimiento que podamos estar obteniendo.

Por lo tanto, se hace necesario, de nuevo, para seguir adelante, hacer otra petición a nuestro Yo Superior para que permita el paso de los siguientes paquetes de datos que introduciremos, relacionados con los planes a medio y largo plazo para la humanidad en estos momentos, tal y como son percibidos en el plano mental de nuestro planeta, a nivel de la psique colectiva, que es donde se encuentran ya forjándose escenarios y eventos que, en algún momento de nuestro tiempo lineal terminarán manifestándose en el plano físico, si nada se lo impide o si la humanidad no da un golpe al timón que rige la dirección de lo que se ha denominado la línea temporal 33, de la que ya hablaremos más adelante.

Para poder bloquear la activación de programas que eliminan o diluyen en la mente aquello que va en contra de la programación estándar del ser humano, introduciremos una variable en nuestra petición a nuestro Yo Superior para que mantenga "en bucle" este mecanismo de dar paso a paquetes de datos, que, aunque pudieran ir en contra de lo que creemos que es verdad, o pudiera chocar contra lo que creemos que es así o de otro modo, al menos los deje pasar a nuestro cuerpo mental y nos permita reflexionar sobre ello, sin que varios filtros mentales los distorsionen y los eliminen rápidamente, haciendo que, poco rato después de haber leído nuevos datos, desaparezcan por completo de nuestra memoria y no tengamos más que el recuerdo vago de haber leído algo que no hemos llegado a integrar ni comprender.

La petición a nuestro Yo Superior para ello, es la siguiente:

Solicito a mi Yo Superior que bloquee permanentemente y dejando en bucle esta solicitud, todos los filtros, programas, arquetipos, sistemas y topes que limitan, filtran, distorsionan y bloquean la recepción e integración de nuevos paquetes de datos que van en contra de la programación estándar presente en mí, desde mi nacimiento, en mis esferas mentales, cuerpo mental y resto de elementos y componentes de mi estructura cognitiva. Solicito que se permita, por anulación de todos estos sistemas de filtrado y bloqueo, la integración en mi cuerpo mental de todos los conocimientos, información y datos necesarios para mi crecimiento, mi bien mayor y mi evolución, descartando automáticamente aquellos que no lo están y que vienen destinados a causar más confusión, distorsión y caos en mi mente y mi realidad. Gracias.

Una vez esta petición ya esté en marcha, y con una o dos veces que la hagamos ya tendría que ser suficiente, podemos ponernos a explicar esos escenarios, que, hemos comentado, están gestándose a nivel mental y etérico como planes a medio y largo plazo para el futuro de la humanidad de la línea temporal actual para la mayor parte de las personas del planeta.

Lo primero que hemos de tratar de entender es que los planes e ideas que vamos a explicar no son profecías, no son cosas que "van a pasar" porque lo ha dicho un vidente, no son eventos que van a producirse o dejarse de producir porque alguien dé la voz de alarma para ello. Este tipo de agenda es el trabajo a lo largo de décadas de los primeros cuatro círculos de poder, que son los que dictan principalmente qué se va a implementar a muchos años vista, sin importar el tiempo que se tarde en ello. Es decir, no estamos hablando de que mañana van a hacer esto o lo otro. Cuando perteneces a una linaje ancestral que perdura miles de años, o estás en un cuerpo humano que no posee ninguna "tara" y tiene todos los sistemas de longevidad activados y plenamente funcionales, no te importa si tus planes se terminarán materializando mañana o en 10 años, porque estarás ahí para seguir supervisándolo, y, aunque aquellos que los terminen ejecutando hayan desaparecido o hayan sido reemplazados por otros, desde el nivel 5 hasta el nivel 10 de los círculos de poder, los que realmente dictan las órdenes no se ven afectados por ello. De esta forma, se pone la maquinaria de eventos a crear con la visión de que se haga siempre a medio plazo, dejando los micro eventos del día a día a los designios que la agenda global necesite o desee ejecutar, sin importar que se completen día arriba, día abajo, semana arriba semana abajo.

La agenda, además, se divide en áreas de actuación, por lo tanto, hay planes a nivel del área económica y de cómo gestionar a la humanidad a nivel financiero y controlando sus recursos de vida, hay planes a nivel "espiritual", o más bien "religioso", para controlar lo que la humanidad ha de creer o se desea que tome como sistemas de creencias, hay planes a nivel del control de la parte "física", a nivel de alimentación y supervivencia "terrenal", hay planes a nivel social, de interacción entre personas, de que grupos se quieren hacer crecer o prevalecer sobre otros, hay planes de qué hacer con la división de género que proporciona ciertas ventajas a la raza humana por combinación de potenciales masculinos-femeninos, activos-pasivos, etc.

Puesto que los integrantes del tercer y cuarto círculo de poder tienen asignadas ya diferentes áreas de gestión del sistema de vida de la humanidad, algunos de estos "personajes" se ocupan de un área y transmiten las órdenes sobre lo que debe ejecutarse en la misma al quinto círculo, la realeza, que dan las órdenes a los miembros del sexto círculo y estos a los de "abajo". De esta manera, a veces, los planes de la "élite" están coordinados entre responsables de varias "áreas", pero a veces no, haciendo que se pongan en marcha enormes detonantes y catalizadores de cambios a nivel social y que pueden hacer coincidir una enorme crisis económica, seguido de un conflicto bélico, seguido de un cambio en sistemas de creencias, en paralelo con cambios a nivel geopolítico, etc. Es decir, que si las agendas de varios miembros de los círculos superiores de poder están en marcha simultáneamente, los efectos en el plano físico sobre la humanidad son brutales, pues muchas áreas de vida se ponen "patas arriba" en conjunto, además de que, por la manera en la que la telaraña social y económica está tejida en nuestra estructura de vida, todo afecta a todo, todo termina causando daños colaterales en todo, y no hay ficha de dominó que se haga caer en una parte del planeta que no termine afectando a las otras. Es el efecto de la famosa "globalización" a todos los niveles, y en todos los aspectos de la vida del ser humano.

Entonces, veamos resumidamente que tenían en mente asimoss, amoss y compañía antes de que se iniciara el proceso de ser expulsados, y que fueron traspasados como instrucciones a los niveles tres y cuatro, puntos de los que, en algunos casos, ya hemos hablado en capítulos anteriores y en el primer volumen de esta serie de *Dinámicas de lo Invisible*:

- Destrucción de todo sentido de la responsabilidad individual, de manera que se haga creer al ser humano que todo le vendrá de fuera, desde el exterior, y que no tendrá que hacer nada para poder crecer, avanzar o evolucionar. Este punto es ejecutado desde el inconsciente colectivo de la línea temporal 33 constantemente para reducir el poder individual sobre el control de nuestra realidad. Este tipo de intervención sobre nuestra psique se realiza sembrando ideas y sistemas de creencias donde "nos salvan", vienen "otros" a rescatarnos o se produce "algún cambio" que nos libera para siempre del yugo de aquellos en control, borrando y eliminando toda posibilidad de que el ser humano comprenda que el cambio viene "desde dentro", que lo tiene que ejecutar él o ella y que, si no lo hace, no hay cambio ni "salvación" posible.

- Destrucción y eliminación de todo sentimiento de hermandad, de apoyo social, familiar, grupal, de manera que el individuo se aísle del resto a nivel emocional, intelectual y espiritual, tratando al prójimo como meros compañeros "funcionales" para conseguir objetivos materiales o para que asistan en los procesos que el sistema de control dicte para la humanidad, sin empatía, sentimiento de pertenencia a grupos de apoyo y desapego por el resto de seres humanos. Esto se está consiguiendo gracias a la tecnología de los móviles, que nos aíslan cada vez más con la cabeza pegada a una pantalla todo el día, y a la destrucción del concepto de familia como núcleo principal de ayuda entre miembros cercanos, no solo a nivel físico y por lazos de sangre, sino a nivel álmico, pues aquellos a nivel familiar son con quienes tenemos los lazos espirituales y kármicos para apoyarnos y trabajar juntos en cada encarnación por decisión mutua en el llamado periodo entre vidas.

- Deshumanización y disolución del potencial energético del ser humano basado en la unión de las energías activas y pasivas entre ambos géneros de nuestra especie, de manera que se diluyan parte de los catalizadores y refuerzos energéticos que se producen al unirse y detonarse las cargas energéticas de las fuerzas masculinas y femeninas interactuando entre sí. Al potenciar todo lo que refuerza la separación entre géneros, y se diluye todo lo posible cada uno de ellos, el detonante energético que está presente al unirse ambos polos no se produce o se produce con menos intensidad. Para conseguirlo, se potencian las luchas entre ambos por manipulación de la psique común en el inconsciente colectivo, desde el nivel "local" hasta el nivel "planetario", creando situaciones en las que, en vez de apoyarse mutuamente, ambos géneros, el masculino y el femenino, se "destruyan" mutuamente.

• Homogenización del género humano, transhumanismo, intentos relacionados con el punto anterior para hibridar a todos los seres humanos hacia un género más neutro, ambisexual si se llega a ese extremo a varias generaciones vista. De esta forma, y puesto que el ser humano no ha aprendido aún a generar en sí mismo el potencial que proporciona la unión de fuerzas y energías activas y pasivas, masculinas y femeninas, dentro un mismo vehículo orgánico y físico, nos veamos incapacitados de activar una gran parte de los potenciales latentes en el sistema energético que requieren de aportes y "chispas" energéticas que vengan dadas por la interacción con fuerzas y campos del genero opuesto al que poseamos en esta encarnación. Al intentar convertir al ser humano en un género "neutro", donde el aspecto masculino se diluye en el femenino y viceversa, se disminuye el poder catalizador y detonante de las capacidades que se activan por la unión de las energías de un género en contacto con el otro.

- Promover la inserción de todo tipo de implantes físicos en el sistema biológico, por ejemplo, para poder pagar con más facilidad simplemente llevando un pequeño chip en el brazo, con lo que nos van acostumbrando a la idea de que es "óptimo" este tipo de transhumanismo, sin darnos cuenta que, en el fondo, una vez todos esos sistemas tecnológicos hayan sido implantados en masa, no tendremos control sobre ellos y podrán encenderse, apagarse, manipularse o desconectarse remotamente si se da la orden para ello desde los niveles superiores del sistema de control, dejándote sin la posibilidad de acceder a tus recursos, si así lo desean otros.

- Reducción del potencial energético de todo ser humano, reducción de la vibración personal de todo ser humano y reducción de la capacidad de evolucionar de todo ser humano. Este punto ya lo vimos en un capítulo del libro anterior, puesto que la vibración y nivel frecuencial del ser humano es la clave para la activación de su potencial y capacidades inherentes, se prevén todo tipo de acciones y situaciones a medio plazo para mantener la vibración de las personas en los niveles mínimos posibles.

- Relacionado con el punto anterior, la inhibición de todos los potenciales latentes, mediante el uso de tecnología invasiva a nivel de campos electromagnéticos que causen distorsiones en nuestros sistemas sutiles y estructuras energéticas, es otra de las facetas y planes dentro de la agenda del sistema, de manera que, cada vez más, estemos rodeados de elementos tecnológicos que, entrando en nuestras vidas como una ayuda o un apoyo a nuestro día a día, sigan radiando y causando disfunciones energéticas constantes y permanentes en nosotros.

Así, mientras estos puntos y directrices macro son aquellas que fueron puestos en marcha inicialmente por el nivel 1 y 2 de los círculos de poder en el planeta, y pasados al nivel 3 y 4 para su ejecución, la manera de hacerlo o de conseguirlo aún dista lejos de estar planificada, cerrada o concretada al detalle en estos niveles de la agenda y de la estructura de poder, de manera que, ahora, hemos de examinar que escenarios existen en el plano mental, en el momento de escribir este capítulo, en la primavera del año 2019, para la implementación de lo anterior. Para ello, miremos los diferentes "fotogramas" que están en marcha, a nivel de escenarios y posibles eventos creados para que esta serie de puntos anteriores terminen manifestándose por completo a nivel físico, encontrándonos con lo siguiente:

- Puesta en marcha de una agenda socio-económica que elimine por completo los recursos financieros de las personas a nivel individual, de manera que sean globales, compartidos y que desaparezca el concepto de propiedad. De esta manera, puesto que en algún momento a medio y largo término nadie será poseedor de ningún tipo de recurso y "todo será de todos", será más sencillo controlar quién tiene acceso a qué y quién no. Es decir, imaginemos que dentro de X años no existe el concepto de coche en propiedad o de casa en propiedad (por poner un ejemplo), de forma que, si cumples con el sistema y con sus obligaciones, puedes acceder a un vehículo o puedes acceder a un sitio donde dormir. La economía colaborativa y donde todo el mundo comparte todo y finalmente nada es de nadie es maravillosa y estupenda, cuando no tiene un fin de control y bloqueo de aquellos que no obedezcan las órdenes y leyes y directrices de este sistema de control, dentro de varias décadas, tal y como se percibe en estos momentos.

- Puesta en marcha de una sociedad donde todas las transacciones financieras y económicas están controladas al 100% y sin posibilidad de ejecutar alguna fuera del alcance y vigilancia del sistema de gestión, de manera que se puedan bloquear los recursos financieros de cualquier ser humano con un solo botón, dejándole fuera del sistema y sin posibilidad de sobrevivir por su cuenta. Esto evidentemente incluye la eliminación del dinero en efectivo, de cualquier tipo de transacción que no deje rastro y la implementación de tecnologías como el *blockchain* y las criptomonedas para ello. Una vez todo el mundo se encuentre usando sistemas económicos que sean fácilmente controlables, cualquier ser humano que no cumpla y acate será dejado sin recursos para salir adelante y no podrá ser ayudado por otros pues todos sus recursos igualmente estarán también sujetos y controlados al 100%. Todo aquel sistema financiero que no deje libertad al individuo para poder tener una vía de cubrir sus necesidades básicas, será usado para subyugar aún más a la población.

- Puesta en marcha de un sistema social donde nadie ayuda a nadie, por miedo, por desidia y por apatía entre humanos, de un sistema de vida donde todo el mundo vaya a lo suyo y se pierda el sentimiento de asistencia a los demás, empezando por la creación de ideologías que exalten la patria propia y el rechazo por aquellos que vienen de fuera, y la exaltación de sistemas de creencias que nieguen la asistencia universal en todo momento a toda persona que lo necesite. Creación de una visión en las personas donde se tema a las otras personas, creación de una realidad donde la gente huya de la gente, no se apoyen y asistan entre ellos y no se proporcionen la asistencia necesaria cuando sea necesario. Esto se inicia, en estos momentos, con la migración masiva de personas de unos países hacia otros, haciendo crecer la rabia y el miedo, el odio y el fanatismo contra aquellos que vienen huyendo de situaciones muy complicadas en sus países o lugares de origen. Se promueven este tipo de éxodos masivos para insertar en la población receptora los miedos, el hastío, el cansancio, el enfado y los movimientos contra todos ellos, mientras se proyecta al público, mediante los medios de comunicación, las noticias desde dos puntos de vista, el primero: la potenciación del odio y acoso contra los de fuera por miedo a la falta de recursos, luego, por programación cruzada en la mente, la exaltación de la necesidad de acoger a aquellos que llegan con problemas desde sus países de origen, la potenciación de la solidaridad, de la ayuda mutua. Esto crea un conflicto en la psique de las personas, "*debo ayudar, ayudarles es bueno, es humanitario*" y por otro lado "*les tengo miedo, vienen a quitarme mi trabajo, mis recursos, mi sistema de vida*". Es muy importante tener en cuenta que ambos bandos están bajo el mismo control, los que crean los conflictos para crear las migraciones son los mismos miembros de los círculos de poder que crean los conflictos sociales cuando los migrantes han llegado a algún país o zona de acogida para poner a la población que los recibe en contra de estos.

- Potenciación de todos los elementos que rompan la unidad del núcleo familiar más interno, potenciación de todo lo que rompa los lazos con las personas que se tienen cerca que representan las fuentes de apoyo más importantes que se preparan antes de cada encarnación para poder cumplir los acuerdos, lecciones y aprendizajes necesarios para el cambio evolutivo. Este punto incluye la lucha de géneros, la violencia familiar, el acoso de unos a otros por manipulación de la psique común y la amplificación de los trastornos y programas presentes en la personalidad del ser humano.

81

- Creación de escenarios donde se mantenga la vibración de los seres humanos en el peor estado posible, en el más bajo, más denso y más negativo, ejecutando a nivel local, regional, nacional y continental, si es necesario, todo tipo de acciones promulgadas por los niveles del sexto círculo de poder al décimo, que lleven a cumplir este objetivo, sin importar si se siembra un conflicto o se detona una crisis económica en un país determinado, mientras el resultado sea el de la disminución de la energía y vibración de la psique común de esa zona.

- Inserción de todo tipo de elementos nocivos en el aire y en la alimentación de las personas, de manera que el cuerpo físico y químico que usamos se mantenga en un estado "vivo" pero no sano, sirviendo como recurso para mantener el sistema económico en marcha, pero no para que se pueda disfrutar del mismo. En este sentido, este punto lleva varias décadas funcionando a pleno rendimiento, pues los alimentos cada vez son menos nutritivos y el aire de nuestras ciudades cada vez está más contaminado.

- Creación de un sistema educativo distorsionado sobre cómo funciona la realidad, qué pasa en el mundo, porqué pasan las cosas que pasan y quién mueve los hilos. Desinformación a escala masiva, ofuscación y ocultación de la verdad en todos los niveles, en todos los ámbitos de vida. Caos y confusión mental en todo momento, y puesta en marcha de sistemas de creencias opuestos que se crucen entre sí, entre regiones, países, culturas y zonas del planeta que impida la compresión de la vida y de la situación de unos respecto a otros.

- Creación de sistemas burocráticos a escala tan enorme que haga que la vida en el plano físico sea un continuo de pedir solicitudes, de hacer papeles, de rellenar formularios, no por el hecho de rellenarlos, sino por el hecho de causar agotamiento en la humanidad para conseguir la más pequeña de las cosas en el día a día para la gestión de nuestros quehaceres personales.

Como vemos, son estos puntos los que rigen la agenda los niveles 3 y 4 del sistema de control y estos son los que son traspasados al quinto nivel, que, entonces, han de reducir a un estrato inferior la manera de implementar en las zonas del planeta, los países, que rigen cada uno de los comités locales de 11 miembros que vimos en el capítulo anterior, los eventos para ello.

Creo que ya, con esto, podemos hacernos una idea de cómo, luego, esos otros niveles van a implementar estos objetivos, y como lo pretenden hacer. Pues una vez los miembros de los círculos de poder que hemos mencionado reciben las instrucciones se reúnen en sus grupos de trabajo (los famosos Bilderberg, CFR, Comité de los 300, la Nobleza Negra, las sociedades secretas, los grupos de presión, los Think Tanks, las agencias gubernamentales, las diferentes instituciones religiosas, los políticos de más poder dentro de la clase política mundial, las empresas que controlan a los políticos y que controlan la economía, los dueños de los bancos, de los complejos militares, etc., etc., etc.) y se ponen manos a la obra para diseñar la agenda a nivel "local" de cómo poner en marcha cada uno de esos puntos.

Cuando protestamos contra nuestros políticos, contra las empresas que creemos hacen esto o lo otro, contra aquellos que se reúnen en Davos o en cualquier otro foro con apariencia "de conferencia" o encuentro político mundial, estamos protestando solo contra aquellos en los niveles con menos poder dentro de todo este entramado, y los que ejecutan algo que ha venido decidido por otros en círculos mucho más elevados y a los que les da igual, literalmente, como se terminen implementando sus directrices, mientras lo hagan con el efecto deseado.

Bien. A pesar de lo abrumador que pueda resultar toda esta información, se hace necesario empezar a dejar de hablar de los problemas y de lo que quieren hacer y empezar a hablar de lo que podemos hacer nosotros para evitarlo, pues, ¿se puede hacer algo para combatir todo esto? ¿Cómo me enfrento yo a una agenda mundial que tiene tanto poder para hacer y deshacer lo que quiera en mi vida y en aquello que me rodea?

Inicialmente, el conocimiento es lo que nos protege y nos permite tomar consciencia de la situación, por lo tanto, el tener al menos estas nociones básicas que hemos explicado hacia donde se quiere hacer que vaya la humanidad de la línea temporal 33, nos permite tomar decisiones sabiendo que es lo que pretenden y cómo lo intentarán conseguir. Pero es cierto que, en la mayoría de los casos, nos vemos sobrepasados por un sentimiento de impotencia, de no poder hacer nada, de no poder cambiar nada y de tener que sufrir las consecuencias de aquello que no vemos y que no hemos solicitado ni pedido de ninguna de las maneras.

La solución a este "dilema" pasa por un cambio de línea temporal, algo explicaremos en el siguiente capítulo, pero que es un proceso complicado y largo para una gran parte de la humanidad que se encuentra en niveles frecuenciales y de consciencia aún demasiado bajos para comprender correctamente que está sucediendo, empezando por hacerles entender que sus vidas están siendo completamente gestionadas y manipuladas en todas las áreas de la misma por mucho que se nieguen a quererlo aceptar.

Y es que ahí radica la dificultad de desmontar este sistema, si es que se fuera a hacer o intentar hacer, pues la inconsciencia, desconocimiento, desinformación y manipulación de la psique humana, desde hace milenios, nos ha llevado a mantener la percepción de la realidad basándonos solo en lo que llevamos insertado y programado en nuestras esferas mentales como correcto, pero lo "correcto" ha sido decidido por nuestros "creadores", y está siendo gestionado por un sistema de control muy potente tal y como hemos visto.

Por lo tanto, cuando en algún artículo en mi blog hemos comentado que una muy pequeña parte de la humanidad, en estos momentos de escribir este capítulo, está lista para dar un salto evolutivo, es porque el agarre en la psique humana que tienen los mecanismos de manipulación de la misma es tan grande, que el trabajo que hay que hacer solo para hacer llegar una ínfima parte de esta información a toda la humanidad ya sobrepasa, en mucho, las capacidades de aquellos que están, estamos, intentado corregir y devolvernos a nosotros mismos el control de nuestras vidas y de nuestro proceso evolutivo.

Por lo tanto, hemos de empezar a encontrar formas de asistir a todos sin activar procesos que les lleven a rechazar esta información, y la única manera que tenemos de hacerlo es trabajando desde el nivel del ser o del Yo Superior, para que sea, desde la parte más elevada de nosotros mismos, de donde se tomen decisiones y se ejecuten acciones que nos permitan soltar parte del lastre mental que nos ata a una realidad consensuada, producto de unas reglas no escogidas por la humanidad, sino impuestas por aquellos que la crearon.

Así, si queremos empezar a evitar que en nuestra realidad particular, todos los escenarios que hemos explicado tengan efecto, o tengan el mínimo efecto, hemos de eliminar de nuestra línea temporal personal los momentos "del tiempo" estáticos en los que nos vemos afectados por ellos. ¿Qué significa esto?

Si recordáis en el primer volumen de *Dinámicas de lo Invisible*, hemos explicado que el tiempo es simultáneo y que todo está sucediendo a la vez, que para los planos físico, etérico y mental inferior, todos los momentos del tiempo son como viñetas en un comic, fotogramas estáticos, de forma que nuestra esfera de consciencia los va recorriendo a una velocidad increíblemente alta y dándonos así la ilusión del tiempo lineal. En esa tira de fotogramas estáticos, ya vistos a unas pocas décadas hacia nuestro "futuro", tenemos eventos que están relacionados con la agenda y los puntos que hemos mencionado anteriormente, y lo que vamos a pedirle a nuestro Yo Superior es que "borre", en el espacio-tiempo de nuestra línea temporal personal, es decir, de los eventos que nos tienen que suceder en las diferentes posibilidades que tenemos para ello, esos "fotogramas" relacionados con los planes a medio y largo plazo proyectados por los miembros del sistema de control, de manera que no tengamos un "carril" energético que nos haga cruzarnos con eventos que están siendo preparados para manifestar algunos de los escenarios que hemos visto en las páginas anteriores.

¿Significa esto que voy a alterar mi futuro? Si, significa que vamos a solicitar que se borren todos los eventos "futuros" en tu vida donde te ves afectado de una manera o de otra por estos planes y manipulaciones, de manera que no tengas que encontrarte, en tu realidad particular, situaciones asociadas a ellos que te afecten en tu proceso de crecimiento personal.

Esto, que parece para muchos un "truco" de magia, no es sino el aprovechar una de las reglas de cómo funciona la realidad, donde todo se proyecta simultáneamente a medida que se van creando los escenario mentales para una situación u otra, y caen desde el etérico al físico ya con décadas de antelación. De manera que, si tenemos el poder de co-crear el futuro que nos espera visto desde el punto de vista lineal del tiempo, tenemos también la goma de borrar para eliminar otros escenarios que no queramos o necesitemos, ni por necesidades evolutivas, ni por lecciones pendientes ni por circunstancias de "karma", causa-efecto, acción-reacción.

De esta manera, simplemente, eliminamos todos los "momentos estáticos" que se presentan en nuestro porvenir no acordes a nuestro bien mayor, lecciones en la vida, aprendizajes pendientes y situaciones escogidas por nosotros antes de encarnar. Como esto es algo que es completamente aceptable, no se viola ninguna regla y no infringimos ninguna "ley cósmica" por ello, podemos hacerlo con total tranquilidad.

¿Borrará este proceso que vamos a ejecutar todos los problemas y situaciones conflictivas en mi vida? No, eliminará todo aquello que el sistema de control, a nivel "macro" está proyectando sobre los seres humanos y que se entrelaza con tu línea temporal de eventos futuros, pero no borrará lo que, en tu día a día, está destinado a tu aprendizaje, conocimiento, experiencia y crecimiento. ¿Y quién decide eso? Lo decide tu alma junto con tu Yo Superior, basado en el concepto de la "trama sagrada", el conjunto de lecciones y vivencias necesarias y pre-programadas por uno mismo antes de cada encarnación para asegurarnos un continuo de experiencias y lecciones que nos permitan avanzar por la senda de nuestro camino de crecimiento.

Por lo tanto, la petición a nuestro Yo Superior para ello es la siguiente, una sola vez será suficiente:

Solicito que se eliminen, borren y disipen todos los fotogramas y eventos "estáticos" presentes en lo que percibo como mi futuro, que no están acordes a mi bien mayor, a mis lecciones para esta encarnación, a mis eventos pre-escogidos por mí mismo para esta vida, relacionados con mis aprendizajes y camino de crecimiento personal. Solicito que se ejecute esta petición en bucle, cada semana, de manera que se vayan eliminando por parte de mi Yo Superior, todos aquellos eventos y situaciones creadas por el sistema de control que rige a la humanidad, que están destinados a la sumisión, supresión de nuestros potenciales, control de nuestro futuro y limitación de nuestras capacidades. Solicito que se comunique esta petición al resto de Yo Superiores de todos aquellos seres humanos que acepten ejecutar también esta misma petición basado en el libre albedrío presente en ellos y a nivel de alma, de manera que, aunque su personalidad no haya tenido acceso a esta información, puedan decidir sus Yo Superiores y almas libremente si desean ejecutar esta misma petición para sus contrapartidas terrenales. Gracias.

Y con esto, ahora sí, vayamos a explicar cómo se sale de este terreno de juego tan empantanado y cómo asistir a que la mayor parte de personas posibles puedan dar el salto al siguiente nivel evolutivo que se encuentra en proceso.

6. El concepto del salto evolutivo, de consciencia de la humanidad. Las "dos Tierras" y el proceso de creación de una realidad a 15,6Hz superpuesta a la actual.

Hemos comentado que hay una salida de este juego tan complicado y hemos mencionado cosas como un cambio en nuestra línea temporal, hemos hablado de algo que se llama, o nosotros llamamos, la línea temporal 33 y que hay un siguiente "tablero evolutivo" listo para ser "habitado" en el momento en el que esté listo para poder dar ese salto de consciencia que nos espera, y que está ya muy cerca para muchos de nosotros.

Bien, igual que antes cuando hemos dado una petición para que los paquetes de datos sobre la agenda del sistema de control sobre la humanidad llegaran con toda integridad y sin distorsión hasta nuestro cuerpo mental, y que pudieran ser guardados y comprendidos por todos nosotros, haciéndole una petición a nuestro Yo Superior para que evitara la activación de todos los filtros y programas de las esferas mentales que impiden que aceptemos como válido aquello que no se quiere que el ser humano aprenda, comprenda o integre, ahora tenemos que hacer lo mismo para el siguiente paquete de datos que explicaremos en este capítulo.

¿Por qué? Porque, en general, a la mayoría de la población, el concepto de "salto evolutivo" les sigue pareciendo algo de ciencia-ficción. Esto es así, de nuevo, por diseño, o por programación, mejor dicho.

Estamos siendo programados constantemente a través de multitud de medios y sistemas para no creer en nada que pueda poner en peligro el control de la humanidad por parte del sistema que hemos visto. Así que, en general, y en porcentaje, muy pocas personas en todo el planeta son plenamente conscientes de que el ser humano está avanzando rápidamente hacia un cambio de realidad, de nivel de consciencia, de "curso evolutivo".

Además, teniendo en cuenta que la situación de paso de nivel ni siquiera se hace en la realidad en la que nos encontramos, sino que hay que moverse de "realidad" a otra superior, tenemos un gran problema para hacer llegar a las personas que algo muy importante está sucediendo, y evitar que lo tomen por divagaciones y supersticiones, unos pocos, o como total desinformación y fantasía, en general, la mayoría de nosotros.

Por lo tanto, para que podamos al menos dejar pasar esta información y luego podamos reflexionar sobre ella sin que nuestros programas automáticos la borren y la diluyan tanto que pierda todo su sentido una vez hayamos leído este capítulo por completo, necesitamos de nuevo pedirle a nuestro Yo Superior que actúe sobre los arquetipos y programas relacionados con el "cambio de nivel" presentes en las esferas mentales, para que bloquee su activación y facilite su comprensión, que no tiene por qué ser aceptación a ciegas, sino solo que se pueda recibir la información sin tamizar, de lo que está por venir.

La petición para ello, sería la siguiente, una sola vez es suficiente:

Solicito a mi Yo Superior que elimine, borre y desinstale todos los programas, arquetipos, firewalls, topes y limitadores que frenan, bloquean, diluyen, tamizan y distorsionan todos los paquetes de datos, informaciones y conocimiento que, acorde a mi bien mayor, van en contra de la programación estándar para el ser humano e impiden la comprensión de la situación evolutiva en la que se encuentra la raza humana, a todos los niveles, y relacionados con el paso de "curso" evolutivo, de cambio de consciencia y de salto de realidad. Solicito que esta petición se mantenga en ejecución permanentemente, de manera que se eliminen por completo estos filtros y bloqueos o que se mantengan inactivos mientras se produce el proceso de obtención y de recepción de todos los datos y conocimientos que necesito para poder seguir adelante en mi camino de crecimiento personal hacia la nueva realidad. Gracias.

Ahora, una vez esta petición está en marcha, y con unos minutos de pausa para que se ejecute por completo, vayamos a intentar explicar que está sucediendo a nivel planetario y que es esto del "cambio de realidad".

Una parte de estas explicaciones, los que lleváis tiempo leyéndome en el blog davidtopi.net ya las habréis oído, para otros, que llegáis a este libro y al anterior por primera vez, puede que sea algo nuevo y desconocido. Vamos a intentar explicarlo de la manera más sencilla posible y sin perder detalle ni dejar ningún cabo suelto para que podamos entender que nos estamos "jugando", como especie y como grupo "humano".

Algo que ya sabemos, espero, es que nuestro planeta como ser vivo que es, y como "avatar" de un ente que llamamos "logos planetario" y que se autodenomina Kumar, tiene su propio camino y proceso de crecimiento. Todos los planetas, o casi todos, tienen "alma" y "consciencia", es decir, el planeta a nivel "físico" es el cuerpo que alberga un ser que es el equivalente al alma-espíritu humano, y que usa la Tierra como nosotros usamos el cuerpo orgánico y su sistema energético para su evolución y crecimiento. Por lo tanto, Kumar, que significa "joven" en un idioma que nosotros conocemos con el nombre de *Irdim*, es un logos relativamente "joven" comparado con los logos del resto de planetas del sistema solar.

Kumar, como cualquier ser humano, está regido por ciclos de crecimiento, por ciclos de evolución, y tiene que seguirlos acorde al ritmo que le marca, en este caso, nuestro "logos solar", que, de nuevo, es el ser-alma-consciencia que usa la estrella que da "vida" y que rige la evolución de todo lo que existe en el sistema solar que nosotros conocemos, de nuevo, en Irdim, como el sistema solar de Rawak, siendo este nombre el que el ser que usa la estrella de nuestro sistema como "avatar" se da a sí mismo.

Por lo tanto, Kumar, usando la Tierra, y Rawak, usando el Sol, transitan por procesos evolutivos que están, a su vez, regidos por unos niveles y seres mayores, en jerarquía, a ellos. En el universo, en todos los universos, todos los seres, sistemas, planetas, y cuerpos "celestes" están organizados por niveles evolutivos, niveles jerárquicos de "consciencia", de manera que nuestro logos planetario se encuentra sujeto a las directrices evolutivas del logos solar, mientras que el logos solar se encuentra sujeto a las directrices evolutivas de otro logos de mayor grado, y este a otro de grado aún mayor, etc., hasta llegar al nivel de la consciencia que rige toda la vida y evolución en la Vía Láctea y que nosotros conocemos como el logos "galáctico" y que recibe el nombre, en Irdim, de Eur.

Así, nuestro sistema solar se encuentra bajo la jurisdicción de otro sistema estelar mucho mayor que el ser humano conoce con el nombre de las Pléyades, teniendo otro nombre en otros sistemas o habiendo diferentes terminologías según quien se refiera a este conjunto de estrellas y planetas en la constelación pleyadiana. El "logos" de las Pléyades, es, por así decirlo, el "superior jerárquico" en consciencia y nivel evolutivo de Rawak, de manera que, todos los sistemas solares que se encuentran bajo este "manto jerárquico" se rigen por las directrices de este "logos regional". Para nosotros, en Irdim, el logos que rige el sistema de Alción, que es el "sol central" de las Pléyades, recibe el nombre de Umar.

Bien, estos nombres, de nuevo, no son inventados. El Irdim es algo así como un idioma "galáctico" común a todas las especies de nuestra Vía Láctea. Es algo así como el idioma esperanto de nuestro planeta, y, aunque cada ser vivo y consciente de la Vía Láctea pueda tener y tiene su propio lenguaje, todos ellos, a partir de un cierto nivel evolutivo al que nosotros no hemos llegado, conocen y se comunican en Irdim. Por lo tanto, Kumar, Rawak, Umar y Eur, son los nombres en Irdim para todos estos logos y así es como todas las razas que usan Irdim los conocen, aunque en sus lenguajes particulares tengan otros términos para referirse a ellos.

Por lo tanto, todo lo que sucede en la galaxia se encuentra bajo el "mando consciente" de Eur, cuyas directrices y "reglas evolutivas" son puestas en marcha por Umar y el resto de "logos regionales", traspasadas a los logos solares como Rawak y acatadas y puestas en funcionamiento por los logos planetarios como Kumar para la vida consciente que existe en cada planeta.

Esto hace que, en diferentes planetas, haya ciertas diferencias a la hora de entender los procesos evolutivos y de crecimiento que rigen cómo avanzan y crecen las diferentes razas, grupos y seres que existen en ese lugar, usándolo como su escuela y base evolutiva, pero no difieren tanto como para que no se puedan encontrar unas directrices comunes para todos, que al fin y al cabo son puestas por Eur e implementadas con pequeñas diferencias por los logos y jerarquías intermedias e inferiores.

Por lo tanto, y esto ya lo hemos visto en el primer libro, una de las reglas "universales" es que todo se rige por ciclos de siete niveles, siete pasos, la ley de las octavas, y los procesos de crecimiento y evolución de toda la vida consciente en la galaxia no es excepción. Esto hace que existan ciclos "cósmicos" que también, regidos por estos pasos o etapas, hagan avanzar y saltar a niveles cada vez más altos, a todos los sistemas solares y planetarios, sin excepción, sin que ninguno pueda quedarse atrás, sin que exista la posibilidad de que no se avance o evolucione en uno y en otros no.

Puesto que cada pocos milenios se produce un "tic" en estos relojes "galácticos" que dictan cuando se tiene que ejecutar un paso de nivel, todos los sistemas solares y planetarios tienen que sincronizarse para poder dar este salto lo más simultáneamente posible, dentro de unos márgenes muy amplios a la visión lineal del tiempo humano, pero lo suficientemente estrechos desde el punto de vista de los logos para que no exista desfase evolutivo entre sistemas planetarios, grupos y razas que van de la mano en su camino de expansión y de compresión del juego de la vida en la Creación.

Por lo tanto, y nos acercamos ya a la explicación de la situación actual en nuestro planeta, todos los sistemas estelares y solares bajo el mando de Umar, bajo control del logos "regional" al que pertenece el sistema solar, está llegando, o ha llegado prácticamente, al momento de paso de nivel, de hecho, el "tic" para ello ya sucedió hace mucho tiempo desde nuestro punto de vista, pero el margen de paso aún está abierto para aquellos sistemas "regazados" como el nuestro.

Esto significa que, cuando "toca", Umar da las instrucciones necesarias a todos los logos solares y planetarios para que eleven una octava su vibración base, es decir, que incrementen y multipliquen por dos la frecuencia de resonancia de las partículas de todos los planos y estructuras del planeta o estrella, provocando que toda la vida consciente en ese planeta, por ejemplo, empiece a vibrar más rápido, incrementando su resonancia y su energía, y pueda "subir" y ascender un paso más en el escalón evolutivo que les permite, entonces, manifestar otro tipo de situaciones, vivencias, experiencias y sistemas de aprendizaje para la vida consciente en el interior de los mismos.

Por lo tanto, para entendernos, la "escuela" en la que estamos ha recibido la "orden" de doblar su frecuencia de vibración de todas sus partículas, en todo su entramado, en todas sus dimensiones, en todos los planos y niveles frecuenciales. ¿Y cuál es esta vibración que ha de doblar? Es la frecuencia de resonancia base que nosotros conocemos como resonancia de Schumann, que, en general, ha sido siempre de 7,8Hz desde que tenemos capacidad para medirla, y que ahora, por directrices evolutivas, ha de pasar a ser una frecuencia de vibración de 15,6Hz. El doble, una octava más alta.

Muy bien, tiene sentido y de momento esperamos que todo vaya cuadrando y siendo lógico. Pero ¿es correcto que la Tierra está subiendo tanto de vibración? No lo es. De hecho, la Tierra se encuentra vibrando, en sus puntos más altos en frecuencia, y de forma estable, a unos 12 Hz, algo que ya vimos en el primer libro cuando explicamos la frecuencia de vibración de una persona en su día a día y la importancia de subir esa resonancia en todo momento.

Así, si nuestro planeta aún no está ni de lejos en la frecuencia base mínima que permite este salto evolutivo, este salto de consciencia, esta actualización del nivel de juego en el que estamos, ¿qué sucede?

Sucede que las razas que rigen o han regido este sistema de vida en la Tierra frenan este cambio de nivel, frenan y bloquean la subida de la frecuencia de resonancia del ser humano, y esto frena y bloquea la subida de vibración de la Tierra, hasta cierto extremo.

Es decir, nuestro planeta no puede forzar una vibración tan elevada para todas las partículas que componen el entramado espacio-temporal, material y energético de la Tierra, porque los seres humanos somos incapaces de sostener esa vibración. Si ahora mismo cada partícula que forma el suelo que estás pisando subiera de vibración hasta

15,6Hz de forma forzada, ninguno de nosotros lo resistiría a nivel físico, porque nuestras moléculas, nuestros átomos, todavía se encuentran en torno a los 9 o 10Hz en el caso del ser humano "medio". Y eso está representando un enorme problema para la Tierra y Kumar, para el sistema solar y Rawak y para el sistema de Alción y Umar.

¿Cómo haces para elevar la consciencia, vibración, frecuencia y resonancia base de una humanidad inconsciente, basada en el miedo, plegada al mismo, sometida y desinformada, asustada y controlada, bloqueada y limitada por completo? No puedes. No podemos romper, al menos de momento, este enorme "tapón frecuencial" que representa el inconsciente colectivo de la línea temporal 33, de la que aún no hemos hablado, y de la carga energética negativa tan densa y enorme que permea tanto el plano físico, como el etérico, como el llamado sustrato astral, así como la parte baja del plano mental.

Es decir, imaginad que subís unas escaleras para pasar del tercer piso al cuarto dentro de vuestro edificio, ¿cómo lo hacéis si os ponen encima bloques y bloques de hormigón, os tapan los ojos, os hacen creer que no hay escaleras de paso, os atan los pies y las manos y encima os dan la vuelta para que en vez de subir escalones los bajéis? Es algo muy complicado de solucionar, y, si sois capaces de extrapolar esta analogía de la escalera a toda la humanidad, os daréis cuenta de la verdadera situación en la que nos encontramos.

Bien, pero entonces, ¿qué hacemos? ¿No pasamos de nivel? No. No podemos "no pasar". Esta "prohibido". Es decir, la Tierra tiene que dotarse de una estructura que esté al nivel evolutivo que se le ha "ordenado" por parte de Umar y por parte de Rawak, porque, por otro lado, prácticamente todos los sistemas planetarios bajo "control" de Umar están ya listos en ese nuevo nivel frecuencial.

¿Significa esto que todos los demás planetas del sistema solar han elevado su frecuencia? ¿Cómo es posible si los vemos con nuestros telescopios y observatorios?

Es posible porque cuando se sube de nivel, una octava, pasan milenios antes de desechar el nivel inferior que acabas de dejar "inerte". Es decir, imaginaros un animal que mude su piel, y que la deseche, pero en vez de "tirarla" la lleve encima consigo, aunque no la necesite, de manera que otro animal que lo viera desde fuera, aún vería la piel "antigua" además de percibir, si tiene capacidad para ello, la piel nueva por debajo. Esto significa que ahora estamos percibiendo y en menor medida interactuando con el nivel "denso" y sólido de los diferentes planetas del sistema solar tal y como estaban antes de su salto evolutivo, ya que la nueva estructura de todos estos planetas, al estar al doble de su frecuencia actual, se escapa a nuestra visión "normal", así que lo que vemos es la "piel" antigua de cada una de las esferas planetarias del sistema en el que nos encontramos, en su plano más denso y físico, a pesar de que todos ellos están ya en la nueva octava empezando o listos para empezar su nuevo camino evolutivo para la vida consciente que hay en ellos.

¿Significa esto que si ahora el ser humano se fuera a Marte o a Venus, por ejemplo, no encontraría vida consciente?

La encontraría, en algún planeta del sistema solar todavía quedan razas o grupos que siguen en la frecuencia de vibración de 7,8Hz o equivalente, pero, en otros muchos, la mayoría de especies que usan esos planetas como su base evolutiva, dentro del sistema de Alción, ya están en la octava de 15,6Hz, algunos de ellos desde hace cientos de años, otros desde hace algunas décadas, otros recién terminando el cambio.

Entonces, ¿qué sucede en la Tierra? Sucede que estamos a siglos de estar preparados para poder hacer esta transición de forma ordenada, de forma natural y de forma tranquila, y sucede que, de todos modos, el sistema bajo el que vivimos se niega a permitir que este cambio evolutivo se produzca, como ya hemos visto anteriormente. Por lo tanto, ¿qué solución tenemos? O bien forzamos un cambio evolutivo "por las malas", es decir, sacudiendo el planeta y liberándolo de toda carga negativa que impide la elevación frecuencial de la humanidad y de las estructuras energéticas que sostienen la vida en la Tierra, o bien se busca una alternativa.

¿Qué sucede si se sacude el planeta "por las malas"? Que la mayor parte de la humanidad perecería y que la mayor parte de los seres humanos dejarían de poder estar encarnando aquí, ya que habría que desmontar prácticamente todo el sistema de vida en el planeta, habría que limpiar física y energéticamente mares, tierras, montañas, cavidades subterráneas, océanos, etc. Sería el fin de la vida humana en muchos aspectos, y eso tampoco es aceptable ni admisible, de momento, por ninguno de los logos, desde Kumar hasta Eur. Por lo tanto, hay que buscar otra solución.

¿Qué solución? Una que ya lleva varias décadas en proceso de ser implementada, la creación de "dos Tierras", una superpuesta a otra, una que se mantenga tal y como está, es decir, dejar las cosas exactamente tal y como están ahora para prácticamente todo el mundo, y crear una "nueva Tierra" en una frecuencia superior, 15,6Hz, para aquellos que estén listos para acompañar a Kumar en el nuevo nivel evolutivo al que tenemos que irnos sí o sí, aquellos que estén listos para hacerlo.

Por lo tanto, veamos cómo, pues hemos llegado al punto donde entramos en la explicación de la "nueva Tierra", o *nT*, para abreviar.

¿Qué es la "nT"? La nueva Tierra es una estructura idéntica a la actual, a nivel causal, mental, etérico y físico, lo cual quiere decir que existe un plano causal que ya está completamente formado vibrando a 15,6Hz superpuesto al plano actual causal de la Tierra que se encuentra a esos 7,8Hz (ahora a unos 10Hz). Quiere decir que existe también un plano mental 15,6Hz completamente formado, y uno etérico, también completamente terminado, ambos superpuestos a los planos actuales de la Tierra que para nosotros sigue siendo la escuela base de 7,8Hz de siempre.

Para que se entienda, viene a ser algo así como lo que veis en el dibujo siguiente:

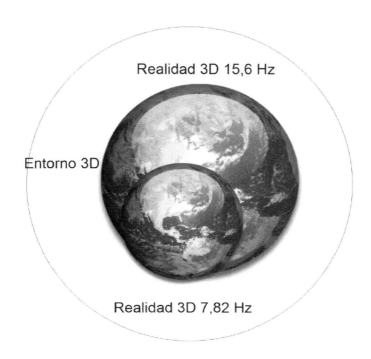

Realidad 3D 15,6 Hz

Entorno 3D

Realidad 3D 7,82 Hz

Y que visto esquemáticamente, viene a ser como lo que podéis ver en el diagrama de la página siguiente:

Realidad actual "matrix 7,8Hz"

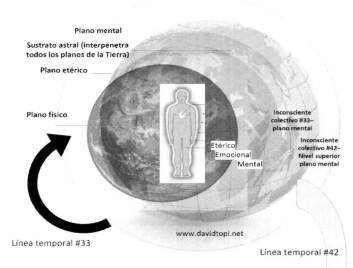

Plano mental

Sustrato astral (interpenetra todos los planos de la Tierra)

Plano etérico

Plano físico

Etérico
Emocional
Mental

Inconsciente colectivo #33– plano mental

Inconsciente colectivo #42– Nivel superior plano mental

www.davidtopi.net

Línea temporal #33

Línea temporal #42

Realidad/estructura "matrix 15,6Hz"

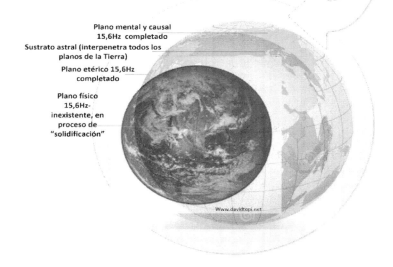

Plano mental y causal 15,6Hz completado

Sustrato astral (interpenetra todos los planos de la Tierra)

Plano etérico 15,6Hz completado

Plano físico 15,6Hz- inexistente, en proceso de "solidificación"

Www.davidtopi.net

Entonces, si tenemos "dos Tierras", una superpuesta a la otra, ¿por qué no las veo? O dicho de otro modo, ¿puedo ver o comprobar de alguna manera esta otra estructura?

Aún no, al menos no por medios "físicos". ¿Por qué no? Porque la última parte que falta por completarse de esta nueva estructura es la estructura física, tangible, sólida. Es decir, ahora mismo, cualquier ser "etérico", tiene completa libertad de movimientos para poder pasar del plano etérico actual al plano etérico de la nT, cualquier ser o ente del plano mental "actual" puede irse al plano mental de la nT, pero el ser humano, a no ser que lo haga en proyección de consciencia, o en "viaje astral", aún no puede "traspasar" físicamente a la nT porque el último entramado, el entramado "material" está todavía en construcción.

Esto ya es más difícil de comprender, ¿qué sucederá cuando existan dos planos físicos entonces? No hay mayor inconveniente en entender que dos planos energéticos a dos frecuencias tan distintas puedan co-existir, de manera que no representa, en general, ningún problema el comprender que haya un plano etérico a 10Hz o así y otro a 15,6Hz, donde una parte de la realidad actual está presente y es perceptible y donde una nueva "realidad" está por construirse, y lo mismo con el plano mental. Sin embargo, a nivel físico esto es diferente, pues el nivel físico es el que mis sentidos captan, el que mis manos tocan, el que siento y huelo y oigo. Por lo tanto, ¿dónde está ese nuevo plano físico en construcción?

Pues, de nuevo, aplica el mismo principio, a pesar de que estamos hablando de un nivel "sólido", ese plano en construcción está al doble de frecuencia del nivel "sólido" actual, así que las partículas que forman el entramado que será el plano físico de la nT (en el futuro) no estorban a las partículas que forman el entramado físico de las partículas de nuestra realidad actual.

Pero ¿no tenemos aparatos capaces de medir energías y frecuencias y ondas de altísima frecuencia? Sí, pero no estamos midiendo "ondas" y partículas con la misma orientación de los vectores en sus mónadas que el entramado actual, por lo tanto, no tenemos tecnología "calibrada" para percibir las estructuras de la "nT" por muy altas que sean las frecuencias que podemos captar con nuestros aparatos científicos o tecnológicos.

Recordad que, en el primer volumen de esta serie, expusimos que las mónadas, para poder manifestar varias realidades en el mismo "espacio", simplemente cambian la dirección angular de sus vectores, de manera que las partículas "cuánticas" que forman el entramado espacial de una realidad pueden existir en el mismo espacio que las partículas que forman otro, sin molestarse, y para que una persona, ente o ser se encuentre en una realidad o en otra se depende solo de que esté sintonizando un entramado con su punto de anclaje o esté sintonizando otro, aunque estén ambos simultáneamente co-existiendo en el mismo salón o lugar donde te encuentras ahora leyendo esto.

Por lo tanto, el plano físico que va a ser el hogar de la nueva humanidad está ahora en construcción, en el mismo espacio físico donde se encuentra ahora la humanidad actual, pero, además, está a una frecuencia mínima que es casi el doble de la frecuencia actual de vibración más baja que existe en el planeta. Así que si el ser humano quiere "pasar de escuela" y empezar a existir en el nuevo nivel evolutivo, tiene que adecuarse, energéticamente, a la vibración de las nuevas "paredes", "techo", "suelo" y estructuras de la nT, porque la

Tierra actual ya no sirve, ya no se puede desmontar, ya no tenemos recursos ni capacidad para revertir este sistema de control tan complejo que lleva millones de años en pie, y que tiene total agarre sobre todos nosotros hasta la última partícula de energía que rige la sociedad humana actual.

Aunque esto suene un poco desesperanzador, no lo es, porque nos permitirá salir de un edificio en ruinas, manipulado, limitado, controlado y completamente en contra de nuestro bien mayor para iniciar otro proceso evolutivo en una Tierra limpia, sana, nueva, desde cero, empezando a construir una nueva sociedad, una nueva forma de vida y un nuevo sistema social, que será todo lo contrario a las formas actuales de sumisión y gestión de la humanidad existentes por todo el planeta.

Bien, de nuevo, suena a utopía, queda muy lejos de la visión de la mayoría de personas y es algo que más bien nos parece otro cuento de ficción sobre la "ascensión" de la humanidad. Y así es para muchos, porque así nos han programado para creerlo, así que ahora, para intentar revertirlo, vamos a desprogramar los sistemas de creencias que nos han insertado sobre la fantasía e ilusión de que el cambio evolutivo es algo falso, irreal y producto de la imaginación de unos pocos iluminados en el planeta, de lo contrario, nada de lo que hagamos y expliquemos a partir de ahora tendrá la certeza de ser aceptado por nuestros procesos mentales y poco a poco iremos desechando las explicaciones cada vez más complicadas y detalladas que iremos dando en este y siguientes volúmenes sobre las dinámicas y pasos que rigen este cambio de nivel evolutivo para todos nosotros.

La petición a nuestro Yo Superior es la siguiente:

Solicito a mi Yo Superior que elimine, borre y desprograme todos aquellos programas, paquetes de datos, sistemas de creencias, arquetipos y formas mentales presentes en mí que me impiden comprender y entender la realidad del paso de nivel evolutivo en el que se encuentra la humanidad, que me hacen creer que es producto de fantasía, irreal y falso. Solicito que se inserte en mi por parte de mi Yo Superior la comprensión verdadera que mi propio ser tiene sobre este cambio evolutivo, que me haga comprender y entender que está sucediendo, porqué, y cómo formo parte de ello. Solicito que se me ayude a entender cuáles son los procesos y pasos de este cambio de nivel en el que me encuentro y todo aquello que sea necesario para que pueda tomar conscientemente las decisiones que necesito para seguir adelante con el mismo. Solicito que se comunique esta petición a todos los Yo Superiores que poseen encarnaciones activas en la humanidad, de manera que ejecuten libremente esta misma petición para sus contrapartidas terrenales con el permiso de sus almas y acorde al bien mayor de las mismas y de las personalidades que rigen y apoyan. Gracias.

Una vez hecho esto, pasemos a explicar cómo se pasa a esta nueva realidad, y cómo va a ser el cambio que tenemos por delante.

7. Las líneas temporales de paso evolutivo, la creación del plano físico de la realidad 15,6Hz y el salto a la línea temporal 42

Así que la noticia es que existe una "nueva escuela" a la que podemos mudarnos. Muy bien. Es una noticia estupenda en varios sentidos pero una que se acerca peligrosamente al borde de la "ficción" para muchas personas, especialmente teniendo en cuenta que no hemos llegado todavía a los temas necesarios para obtener la base teórica del funcionamiento de la mente que nos permite desprogramar y eliminar parte de los sistemas de creencias impuestos que nos impiden entender mejor este proceso.

Por lo tanto, si estamos hablando de que se está formando una "nueva Tierra", una nueva estructura planetaria como la que la que conocemos, pero al doble de frecuencia para todas sus partículas constituyentes, ¿cómo se hará el paso de esta realidad a la siguiente? ¿De qué manera realmente se va a producir esa transición? ¿Me levanto un buen día y estoy en otra realidad? ¿Debo fallecer en este cuerpo físico para entrar en la "nueva Tierra" encarnando desde cero?

Todas estas preguntas son normales, válidas y las que más suelen aparecer por nuestra mente cuando leemos este tipo de explicaciones sobre el salto de nivel evolutivo. Y todas tendrán respuesta en su momento. Ahora iniciemos la explicación del proceso de preparación al cambio, y poco a poco se irá entendiendo mejor todo lo demás.

Muchos de vosotros creo que habréis ya escuchado los conceptos de líneas temporales, y habréis oído, quizás, que existen dos líneas temporales que tienen "números" para definirlas o entendernos entre nosotros cuando hablamos de ellas. De hecho, hay una línea temporal que se define con el número 33 y otra línea temporal que se define con el número 42, así que la cosa ya se va complicando porque, primero, hemos de explicar que es el concepto de línea temporal, porqué tienen números, y cómo está todo relacionado con el proceso de cambio a la nT, a la nueva realidad 15,6Hz que hemos explicado.

Para los que ya estéis al tanto de lo que es una línea temporal esto servirá como repaso, para los que este concepto sea nuevo, es la introducción necesaria para comprender el proceso que la humanidad está viviendo.

Una línea temporal es una sucesión de eventos puestos en el eje del tiempo lineal tal y como nosotros lo entendemos. A las 8.00h me levanto, a las 8.30h desayuno, a las 9.00h salgo para la oficina, a las 11h tengo reunión, etc. Esa es la línea temporal para las primeras horas de tu día a día. Una línea temporal más larga, por ejemplo, es la línea temporal personal que define tu vida. Nací tal día de tal año en tal ciudad, a los dos años fui a la guardería tal, a los cuatro años empecé en el colegio, a los X años hice tal cosa y luego tal otra, etc. La línea de sucesos y eventos de tu vida es tu línea temporal personal, una gráfica lineal en el tiempo donde sitúas todos los eventos, situaciones y vivencias que te han sucedido. Como además el tiempo es simultáneo para los tres primeros planos de la estructura de toda la Creación, como vimos en el primer libro de esta serie, todos los eventos de nuestra línea temporal personal a varias décadas vista están ya mapeados en esa gráfica lineal, en ese "comic" de nuestra vida, en todas sus versiones, opciones, oportunidades y posibilidades de manifestación. Por lo tanto, nuestra línea temporal personal es la que marca la sucesión de "viñetas" estáticas por las que hemos ido pasando, aquellas que nuestra esfera de consciencia ha recorrido, saltando de una a otra, como vimos, a una velocidad enorme y uniendo los puntos de las diferentes opciones que teníamos latentes en lo que nosotros llamamos nuestro futuro, que hemos ido co-creando y proyectando desde hace muchos años atrás, simplemente por nuestra capacidad y habilidad de proyectar la realidad en la que vivimos, algo de lo que hablaremos también en otro capítulo más adelante.

Así, tu línea temporal individual abarca toda tu vida, y contiene todos los sucesos que te han acontecido y los que te han de acontecer, en un entramado espacio-temporal que te lleva a vivir una serie de experiencias o saltarte otras, y que, cuando miras hacia atrás, puedes describir como eventos "pasados", tales como "yo hace dos años hice tal cosa" y "cuando era pequeño me pasó tal otra".

Partiendo de esta base, todo el mundo tiene su línea temporal personal, es decir, los seres humanos poseemos una cronología de lo que nos ha sucedido desde nuestro nacimiento hasta el día de hoy, y lo que nos puede suceder, ya mapeado en potencia hasta el día que salgamos de esta partida de la vida. Por lo tanto, existen tantas líneas temporales personales como seres humanos existen en el planeta y cada uno de nosotros, a pesar de que compartamos hechos o situaciones con otras personas, vivimos en una única e intransferible línea de tiempo que posee una vibración ligeramente diferente a la vibración de todas las otras líneas temporales de todas las demás personas del planeta.

Esto quiere decir que nadie puede copiar tu línea temporal, que no hay dos "vidas iguales", que no pueden existir dos "carriles energéticos" a través de los cuales les sucedan a dos personas exactamente las mismas cosas a lo largo de toda su vida. Las líneas temporales son como las vías del tren, cada persona tiene asignada una vía para toda su vida, y aunque haya puntos de cruce entre vías y en algunos momentos la nuestra entrelace con las vías de otras personas, nosotros solo podemos ir avanzando por nuestro camino personal, intransferible, y nadie puede acoplarse al mismo, solo se puede circular en paralelo y no siempre, de manera que las personas nos juntamos y nos separamos unos de otros debido a la cercanía o separación que nuestras vías particulares de tren tengan entre sí, lo que es lo mismo que decir que nos juntamos unos con otros por resonancia, por frecuencia de vibración, y nos separamos igualmente cuando esta resonancia y frecuencia de vibración ya no es compatible.

Entonces, ¿siempre nos separamos por este mecanismo? ¿No hay miles de personas con otras que no mantienen ya nada en común, con las que ya han completado todo proceso de aprendizaje o que ya no resuenan para nada unas con otras pero se fuerzan a sostener un camino juntos?

Correcto, y completamente real. Las personas nos forzamos, por muchas razones, a estar unos con otros a pesar de que no haya nada en común, de que nuestras vías particulares estén pidiendo a gritos que tomemos otros caminos o que cojamos la siguiente desviación que es la que nos toca, pero la personalidad que tenemos, debido a la programación, miedos, condicionamiento social, cultural, dependencia económica, familiar, etc., mantiene forzadamente muchas situaciones que no se mantendrían por si solas si dejáramos actuar libremente a las fuerzas de atracción o repulsión que existen y rigen los caminos evolutivos de las personas, de manera que, si no fuera por todo lo anterior, la separación y acercamiento de unos con otros se haría de manera mucho más natural y orgánico, armónicamente y sin altibajos o alteraciones, que es como suele suceder en estos momentos porque no permitimos que los procesos naturales de la vida y la evolución de cada uno lleven las riendas desde la visión del alma y del Yo Superior, como vimos en el libro anterior, sino que es el "*Kit*" del coche que conducimos, quien, por miedo y condicionamiento, trata de mantener nuestra vía de tren personal, nuestra línea temporal, cerca de aquellas personas que nos sirven como anclaje a procesos de la vida que nos son conocidos, cómodos, o simplemente por situaciones que hemos acordado o que no queremos dejar ir, y que anclan nuestro progreso al de otros seres humanos.

Muy bien, pero ¿no estamos entrando en contradicción con lo que explicamos en el primer libro de *Dinámicas de lo Invisible* sobre que todos tenemos pactos y acuerdos con las personas cercanas para echarnos una mano en esta vida y trabajar juntos por nuestra evolución común?

Totalmente cierto, y así es. Pero ¿qué sucede si una de las partes avanza mucho, crece, evoluciona, "despierta", se auto-trabaja a sí misma y deja atrás al resto? Entonces se produce esa distorsión energética y vibracional entre sus líneas temporales, entre sus vías del tren, que ya no pueden caminar en paralelo porque una o más personas han dado saltos de gigante en sus propios procesos, y todo lo que estaba acordado ya tiene que re-parametrizarse, replantearse, pues si has decidido ir a velocidad de cohete por tu propio interés personal, tu anhelo y deseo de crecer o experimentar y tu trabajo interior, pero el resto de tu entorno no tiene interés

113

en ello, está en otras etapas de sus procesos, o simplemente están bloqueados por mil y una razones, tu línea temporal se resiente porque las fuerzas que la tiran hacia tus siguientes lecciones y aprendizajes entran en contradicción con los acuerdos, pactos y decisiones tomadas antes de entrar en esta encarnación, y solo tomando consciencia de ello y haciendo el trabajo de re-parametrizarlos y dejar rienda suelta a los caminos evolutivos de cada persona, se puede entonces retomar la senda correcta para cada uno, y asistir a que los demás dejen de estar atados a nosotros, y nosotros a ellos, cuando ya somos incompatibles por una u otra razón.

Entonces, si comprendemos más o menos que estos procesos evolutivos personales son completamente dinámicos y que dependen del libre albedrío del ser humano, y volviendo al concepto de líneas temporales, a cada persona se le van presentando múltiples oportunidades de crecimiento acorde a la frecuencia que posee en su sistema energético, y que se ve reflejada en la vibración del conjunto energético que forma su línea temporal personal. Esto significa que siempre atraemos, proyectamos y creamos eventos, situaciones y experiencias que resuenan prácticamente igual a la vibración que poseemos por defecto cada uno de nosotros.

Así, si recordáis el capítulo sobre la frecuencia base de vibración de cada ser humano del libro anterior, podremos entender que si estás vibrando a 8Hz solo podrás atraer y percibir y vivir en realidades sólidas y tangibles a los sentidos que muestren situaciones de esa frecuencia y resonancia, con lo que los eventos de una persona vibrando a 8Hz de media, son mucho más negativos que los eventos de una persona vibrando a 12Hz de media.

Esos cuatro Hz de diferencia, que es la vibración de las partículas que forman cada uno de los componentes físicos y energéticos del cuerpo que usamos, marcan la diversidad de situaciones que proyectamos y atraemos a nuestra vida, y provocan que un mismo evento pueda ser vivido de manera muy negativa por unos y de forma mucho más positiva por otros, pues las situaciones, en general, son neutras, son lo que son, pasa "esto", pues "esto" no es bueno ni malo, solo "es", y depende de la percepción, impacto y repercusión en la vida de un ser humano el que tenga una connotación muy mala, menos mala, regular, neutra o positiva en varios grados. Todo es como es, pero que estemos sintonizados con un evento o experiencia que trae una situación de baja vibración y negativa a ojos de la mayoría, solo depende de que estemos con nuestro campo energético, vibrando en esa frecuencia o no lo estemos.

Esto, pues, nos lleva a explicar que, dentro de nuestro planeta, existen muchos niveles de realidad, como habíamos mencionado en capítulos anteriores, y que la vida de una persona depende del nivel de realidad en el que se encuentra, y que la "nueva Tierra" es un nivel de realidad por encima de todos los niveles de realidad conocidos en el planeta y existentes hasta ahora en el mismo, ya que se está construyendo, como hemos dicho, un planeta "encima" de otro planeta, una estructura causal, mental, etérica y física encima o superpuesta a la actual, pero no "encima" en distancia, es decir, por encima de las nubes, en el "cielo", sino encima en vibración. En el mismo lugar en el que estás ahora existe el plano etérico de tu realidad actual que no ves, pero también existe el plano etérico de la realidad 15,6Hz de la nT que tampoco ves ni percibes. Y cuando esté listo el plano físico de la nT, existirá en el mismo espacio en el que estás ahora

115

leyendo esto, pero en una frecuencia doble a la que tienen las partículas que forman tu entramado sólido para la realidad que percibes como el "mundo de ahí fuera".

Por lo tanto, todo está encajado y superpuesto con todo, todos los planos y estructuras de la nueva "escuela" quiero decir, por lo que el "paso de nivel" no es subirnos a una nave e irnos a otro sitio a través del espacio, no es hacer una proyección astral y movernos a otra dimensión desconocida, es solo, para decirlo de forma que ahora podamos entender, y en algún momento explicar más profundamente, cambiar tu frecuencia de vibración, subir a 15,6Hz como mínimo la frecuencia más baja de cualquiera de tus partículas, cambiar de "fase" el ángulo de las mónadas que te forman y, entonces, por "arte de magia", pero de magia no tiene nada, podrás percibir y "traspasar" a la nueva realidad, dentro de algunos años, y cuando estemos preparados para ello.

La explicación de este proceso espero que haya traspasado la mayoría de filtros y tamizadores que poseemos en la psique porque, de lo contrario, muchas personas empezarán ya a tachar de fantasía lo que estamos explicando, aun así, iremos dando pautas cada vez más concretas y más técnicas que nos permitan ir eliminando todo lo que impide una compresión más profunda de este salto de nivel y desprogramar todo lo que aún nos falta por eliminar de nosotros para que podamos estar listos para el mismo.

Y es que, ¿cómo nos preparamos para esto? Volvamos al concepto de las líneas temporales y empecemos a hablar ahora de las líneas globales para la humanidad. Entonces, este salto de consciencia, este salto de nivel evolutivo, ¿lo voy a dar solo yo? ¿Quién va a pasar de curso? ¿Quién no va a hacerlo?

Pasan de "curso" quienes estén en la frecuencia adecuada para pasar de curso. No hay ningún otro parámetro, ningún juicio, ninguna nota de corte por habernos portado bien o mal o regular, no hay ningún juez que dicte quien pasa o quien no pasa, no hay ningún elemento que impide que des el salto ni ningún elemento que te pone en una lista para que no lo des. El único parámetro eres tú, la frecuencia de tus partículas. El sistema de control que hemos explicado no quiere que nadie pase de nivel evolutivo, eso es evidente y harán todo lo posible, como están haciendo desde hace décadas, para que la frecuencia de vibración de todos los seres humanos sea la más baja posible, pero el sistema de control y los miembros de los círculos de poder que hemos explicado no vienen a tu casa a decirte que no puedes pasar de curso, ni siquiera en muchos casos saben quiénes somos de forma individualizada, pero mantienen a toda la humanidad en el nivel más bajo posible, controlado, sumiso, acotado a los parámetros que marcan las razas en control que ya conocemos, y que, como habíamos mencionado, han sido expulsadas del planeta por, precisamente, un trabajo conjunto de todos nuestros Yo Superiores y los grupos y jerarquías que asisten al planeta, por lo tanto, dependiendo de la fecha en la que estés leyendo este capítulo, es posible que no quede ni un solo asimoss, amoss y compañía ya en la Tierra, teniendo en cuenta que, ahora, en la primavera del año 2019, se sigue extrayendo todos estos entes fuera del planeta por orden de Kumar, nuestro logos planetario, debido a la fuerte interacción contra el proceso evolutivo de la humanidad y el obstáculo que representan para ello. Así que, desde un punto de vista lineal en el tiempo, tarde o temprano no habrá obstáculos para poder pasar de curso si uno hace los deberes, y esos deberes, como estamos explicando y vamos viendo, solo dependen de uno mismo, y de nada más.

Y esto, ¿qué tiene que ver entonces con esas líneas temporales que hemos mencionado con esos números, 33 y 42? Ahí llegamos ahora.

Pensad en lo siguiente, ¿qué sucede si ponemos todos los eventos creados y proyectados por todos los seres humanos a nivel macro planetario en una sola línea de tiempo? Sucede que tenemos lo que nuestros libros llaman "la historia de la humanidad", es decir, que si echamos la vista atrás, podemos decir que en el siglo tal pasó tal cosa, que en el siglo o año tal pasó tal otra, etc. Son eventos que afectan al destino de la humanidad, y, por lo tanto, son eventos "globales" que pertenecen a una línea temporal macro, común para todos.

Pero ¿no tenemos cada uno nuestra línea temporal individual e intransferible? Correcto. Así que imagínalo así: cuando los seres humanos ejecutan "cosas", toman decisiones, accionan y deciden hacer esto o lo otro, la repercusión global y común va siendo modificada según el conjunto de acciones de todas esas personas, que, desde su propia línea temporal individual, van co-creando futuros comunes y similares.

Si todos los miembros de una misma familia deciden ir a comer el domingo a un sitio, las 10 líneas temporales individuales de esa familia co-crean un suceso común que afecta a las diez personas a la vez, aunque cada una de ellas viva, perciba y disfrute de la comida familiar de manera distinta, pues el evento visto desde su vía del tren particular es ligeramente distinto a como lo percibe otro miembro de la familia desde su otra vía del tren particular. Así que cada ser humano que proyecta y participa en alguna situación con otros seres humanos, asiste en la co-creación del evento final, que es la suma de las proyecciones energéticas de todos los que han tomado parte del mismo.

Una situación no sale igual si hay solo dos personas co-creándola, una cena para dos, que si hay diez, una comida familiar, aunque estemos en el mismo restaurante, el mismo día, la misma hora y con el mismo tiempo atmosférico. Es decir, los presentes en el evento están activamente co-creando el evento, por lo tanto, en ese punto del espacio y del tiempo, el día y hora de la reunión familiar, hay 10 líneas temporales entrecruzándose unas con otras y alterando y proyectando la realidad física de cómo ese evento está teniendo lugar.

Por lo tanto, extrapolemos a toda la humanidad. Si la humanidad, los más de 7.500.000 de personas que estamos en el planeta más o menos en estos momentos vamos proyectando y co-creando eventos y situaciones, nos encontramos con una línea temporal macro, global, que lleva el destino de la humanidad por un carril o por otro, a una vibración o a otra, con una frecuencia que nos hace atravesar una serie de situaciones u otras. Y esto simplemente porque, por diseño, la realidad común del planeta es la suma de las realidades individuales de todos los seres humanos, así que no es nada que venga "de fuera" o impuesto, sino que somos nosotros mismos los que estamos "montando" el escenario que cada día vemos como el "mundo de los sentidos".

Ahora bien, evidentemente se nos está manipulando para que montemos un escenario lo más "negativo" posible, a la percepción de la mayor parte de la humanidad, y con todo tipo de medios de distorsión y manipulación energética y mental, pero, aunque están siempre tratando de que proyectemos el mundo que conviene al sistema de control y a los miembros de los círculos de poder, eso no quita un ápice de verdad a que somos nosotros, al 100%, el conjunto de la humanidad, quienes estemos a cargo de la proyección de ese mundo.

Esto, por un lado, rompe un poco los esquemas de que el mundo está como está y yo no he tenido nada que ver con ello, ni soy responsable de la situación tan negativa que hay a lo largo y ancho del globo. Pero, en cierta manera, no es verdad, todos somos co-partícipes de lo que sucede, algo que dejaremos para más adelante cuando expliquemos en detalle cómo funciona la creación de la realidad común en la que todos nos movemos.

Bien, volvemos al tema de las líneas temporales "numeradas". ¿Por qué hay dos? ¿Por qué esos números?

Hace varias décadas, de hecho antes de la década de los años 40 del siglo pasado, existían varios futuros alternativos para la humanidad, de manera que, a nivel global, teníamos por delante diferentes alternativas que podían conducir nuestro destino por un carril o por otro. Sin embargo, y por temas que explicaré en otro capítulo, las diferentes razas en control y los círculos de poder manipularon, a partir de lo que se llamó el Experimento Filadelfia, las diferentes líneas temporales que existían en ese momento llegando a causar un gran "desastre", visto desde un punto de vista, y una gran "oportunidad", visto desde otro, para el desenlace de este último tramo del paso de nivel de consciencia.

Esto significa, que, desde los años 40, empezaron a colapsar entre si diferentes futuros alternativos. Si teníamos, por ejemplo, seis o siete "carriles" principales, que son seis o siete macro futuros alternativos para la humanidad en su conjunto, debido a las manipulaciones del espacio y del tiempo que se llevaron a cabo con ese experimento y otros, y por el ansia de bloquear por completo el paso de nivel evolutivo que ya se estaba preparando en aquel entonces, empezaron a "fusionarse" entre sí algunos futuros alternativos de la humanidad, y, de 6 o 7 iniciales, en unos años pasamos a tener solo cuatro macro líneas temporales, y unas pocas décadas después solo tres, y unos cuantos años después solo 2, que es lo que hay ahora. Solo dos macro líneas temporales que son la suma de todas las líneas temporales individuales de todos los seres humanos.

¿Qué significa esto? Que ahora mismo, si cogemos a todos los seres humanos, medimos a que frecuencia se encuentra su sistema energético y su línea temporal y los agrupamos en posibles futuros alternativos globales, solo nos salen dos enormes "vías" de muchos carriles de ancho, por las cuales circulan los trenes particulares de cada uno de nosotros. Y estas dos líneas son las que se han numerado la línea temporal #33 para la percibida como más "negativa", y la línea temporal #42 como la percibida como más "positiva" y de cambio de nivel frecuencial.

Empezando con la descripción de la línea temporal 33, el número lo explicaremos un poco más adelante, cuando juntas o pones cerca todas las vibraciones personales de la mayoría de la humanidad y todos los eventos que esas frecuencias de resonancia particulares pueden co-crear en los futuros de esas personas, te encuentras con una macro línea temporal de bastante baja vibración, que no pasa de 10 y poco Hz en su frecuencia más alta (pues hay subniveles también dentro de la línea temporal 33 y 42 como veremos luego). De manera que, por mucho que una persona se esfuerce en su día a día para que las cosas le salgan bien, si su frecuencia de emisión de la realidad está por debajo de 10Hz, estará conectada y vibrando con la línea temporal de eventos llamada la línea 33. Esto hace que la mayoría de seres humanos, de hecho, la casi totalidad de los mismos, se encuentre en esta línea temporal, lo cual es lo mismo que decir que la mayoría de la humanidad está proyectando un futuro común de baja vibración, negativo y ciertamente poco agradable, teniendo en cuenta que todo el sistema de control que conocemos se basa en mantener a las personas por debajo de estos 10Hz o menos, y reforzar así la conexión de sus líneas temporales individuales con la línea temporal "negativa".

Esta línea temporal, además, por razones que veremos más adelante, no permite el paso de nivel evolutivo, ya que al no pasar de unos 10Hz en ninguno de sus escenarios, no permite ni de lejos que la persona llegue a los 15,6Hz de vibración mínima requeridos para poder sintonizar con la nueva realidad, la nueva matrix, la nueva Tierra. Por lo tanto, la línea temporal 33 es una línea donde todo se mantiene igual que ahora, no hay posibilidad de cambio evolutivo, no hay posibilidad de salir de las "garras" del sistema de control y no ha posibilidad de acceder a niveles de realidad más positivos y elevados que permitan al ser humano avanzar más felizmente hacia estratos y lecciones y vivencias más avanzadas. Con lo cual, y como es fácilmente deducible, hay que salir de la línea temporal 33 y cambiar a la línea temporal 42. Más adelante explicaremos cómo. Antes, veamos esta segunda línea temporal que recibe el nombre o se le ha puesto el código 42.

De esos escenarios "macro" que existían hace varias décadas, uno o dos de ellos eran ciertamente positivos, pues permitían a la humanidad avanzar hacia niveles evolutivos superiores y eran futuros donde se percibía un cambio global muy importante. Esos pocos escenarios positivos, por las mismas razones que hemos comentado para la línea 33, también se fusionaron entre sí, dando lugar a un único "carril" energético por el cual las personas conectadas al mismo iban a poder co-crear y manifestar un nuevo nivel de consciencia, un nuevo estado evolutivo, siendo esta vía del tren la que lleva, sin obstáculos, a la "nueva Tierra", a la nueva "escuela".

Por lo tanto, aquellas personas cuyas "partículas" energéticas estuvieran por encima de los 10Hz u 11Hz y hasta los 15,6Hz, iban a sintonizarse, de manera natural, con una línea temporal macro donde las situaciones proyectadas y co-creadas iban a ser y son, por supuesto, cada vez más "positivas", en el sentido de tener una vibración más alta y más alineada con frecuencias y energías de mayor resonancia, por lo tanto, "mejores" a nuestra decodificación personal.

Todos los seres humanos vibrando a una frecuencia mayor que 10 u 11Hz se han sintonizado, sin haber hecho "nada", de manera natural, con la línea temporal 42, así que los eventos en sus realidades empiezan poco a poco a mostrar cambios más positivos, paulatinamente, porque el sustrato energético que se usa para construir su realidad, es más alto.

Por otro lado, los que habéis ido siguiendo los artículos del blog habréis visto que hemos ido haciendo ejercicios para elevar nuestra vibración, porque, como explicaremos también más adelante, podemos hacer esa subida frecuencial conscientemente y trabajando en ello, aunque partamos de una frecuencia baja. Lo primero, por supuesto, es subir al nivel más alto de la línea temporal 33, o, si ya estamos en la línea temporal 42, subir y subir hacia los niveles más altos de la misma, porque, para poder "irnos" la nueva Tierra, tenemos que estar con todas las partículas de nuestro sistema físico y energético en la frecuencia más alta que posee la línea temporal 42, que es aún algo menor que 15,6Hz, pero rozándolos.

Esto significa, que, aunque hoy mismo estuviera "construido" y solidificado por completo el plano físico de la nueva realidad, ninguno de nosotros podría dar el salto, ni acceder al mismo, porque nuestro sistema físico y energético no está preparado para ello. Esto significa, de nuevo, que nada ni nadie nos quitará el trabajo que hemos de hacer para prepararnos para este salto, y que nadie nos puede evitar que, si queremos hacerlo, podamos conseguirlo con esfuerzo, voluntad y constancia.

Bien. Volviendo entonces a las explicaciones sobre las estructuras de las líneas temporales, los números que tienen y cómo funcionan, vamos a intentar definir una línea temporal como si fuera la corriente de un rio.

Como podemos intuir, es imposible o muy difícil poner separaciones en una corriente de un rio que fluye y que puede tener en algunos puntos diferentes velocidades, en algunos puntos ir más lenta o ser más densa, y en algunos lugares estar más fría o más templada. Si dividiéramos en "trozos" las líneas temporales, lo haríamos intentando ver que rango de frecuencias abarca cada una de ellas, algo así como si viéramos el arcoíris y pudiéramos dividirlo, como hacemos, por colores, debido a las diferentes frecuencias que posee para cada una de las tonalidades que la luz refleja en las gotas de agua y en la atmósfera. Por lo tanto, una línea temporal tiene diferentes gradientes energéticos que van desde frecuencias más densas y bajas en el límite inferior de esa línea temporal hasta frecuencias muy altas en el límite superior de esa misma línea. Algo así como el espectro del rojo al violeta, pero siendo todo parte de un mismo fenómeno que percibimos como el arcoíris.

Pues la línea temporal 42, para empezar con ella, podríamos dividirla en tres grandes bloques de siete subniveles cada uno, de ahí que hablemos de 21 niveles frecuenciales para la línea temporal 42, siendo el nivel 1 el equivalente a la energía de menor vibración para esta línea, y siendo el nivel 21 el que está más cerca de la vibración más baja del plano físico de la nueva Tierra, es decir, el subnivel 21 es el nivel que más se acerca a la vibración más densa del plano sólido del siguiente nivel evolutivo. Por lo tanto, si no tenemos todas las partículas de todo nuestro sistema físico y energético como mínimo en este subnivel 21, no habrá forma de percibir ni muchos menos traspasar al plano físico 15,6Hz cuando esté completamente construido y finalizado.

En el lado contrario, la línea temporal 33 también tiene diferentes subniveles, en este caso, tendría más subdivisiones, podríamos hablar de cuatro octavas de siete subniveles cada uno, de manera que tendríamos 28 niveles frecuenciales dentro de la línea 33, siendo el nivel 1 el "inframundo" con las frecuencias más negativas que existen en este planeta, con una densidad energética tremenda y brutal en el polo más negativo del espectro, y el nivel 28 un nivel cercano a los 10,5Hz de vibración que no está tan mal, a pesar de no pertenecer a la línea temporal 42.

Por lo tanto, no es lo mismo estar por debajo del nivel 5 de la línea temporal 33 que estar por encima del nivel 25 de esta misma línea temporal, pues la vida de las personas a uno u otro subnivel varían enormemente si tus partículas resuenan con una negatividad extrema, por estar presente en nosotros, o si más o menos se encuentran en un nivel frecuencial "aceptable" aun dentro de la línea "negativa".

En estos momentos, y para que os hagáis una idea, solo el 5% de la humanidad se encuentra en alguno de los niveles de la línea temporal 42, mientras que el 95% aproximadamente se encuentra en la línea 33. De este 95%, según la estimación de todos nuestros Yo Superiores ahora en Mayo del 2019, el 50% está aproximadamente en la segunda octava, es decir, entre el nivel 8 y el 14 de la línea 33, el 25% se encuentra entre el 14 y el 21, un aproximado 10% se encuentra entre el 21 y el 28 y el resto se encuentran en niveles por debajo del nivel 8 de la línea 33 que son realmente un "infierno" físico para aquellas personas ubicadas en estos niveles de realidad.

Por lo tanto, y con esto terminamos este capítulo, ¿por qué se numeran así estas líneas y quién les ha puesto estos indicadores?

Estos indicadores los han colocado aquellas fuerzas, seres, grupos y entes que asisten al planeta, a Kumar, en el proceso de transición de un nivel evolutivo a otro, y son indicadores que marcan la posición en el plano mental de donde nacen estas líneas temporales. ¿Qué significa esto?

Todos los eventos que suceden en el plano físico nacen a nivel mental, todo lo que pasa, existe o es co-creado en el planeta en la realidad "sólida" para el ser humano nace como idea, forma mental, arquetipo o proyección desde la mente de uno o más seres humanos, por lo tanto, la energía que emitimos al proyectar nuestra realidad forma los escenarios mentales que luego van a "bajar" en forma más "física" hacia el plano etérico, y luego van a terminar manifestándose y apareciendo como "cosas" y situaciones en el plano material.

Por lo tanto, cuando los eventos mentales se agrupan y se forman, lo hacen en determinadas posiciones de este plano mental, que no es una estructura aleatoria o un simple campo de energía, sino que posee una distribución y composición muy delimitada y estructurada y a la que se le pueden asignar "números" dependiendo del "lugar" del plano mental desde donde "nace" el carril de energía de ese evento. Como desde hace unos años todos los eventos más o menos por encima de 11Hz "nacen" desde la posición "42" del plano mental, a la línea temporal que baja esos eventos al plano físico se la ha llamado línea temporal 42, y, por la misma razón, todos los eventos que nacen de la posición 33 del plano mental relacionados con frecuencias por debajo de esos 11Hz se la ha denominado línea temporal 33.

Así, en resumen, la línea temporal 33 es una línea de tiempo, de eventos y de sucesos a nivel macro que se mantiene en bucle en esta realidad, que no lleva al salto evolutivo, que no permite la elevación frecuencial de las personas sintonizadas a ella a no ser que hagan el trabajo de salirse de la misma, mientras que la línea temporal 42 es la línea temporal de eventos futuros que llevan al cambio de escuela, de realidad, para aquellos sintonizados con ella, elevando cada vez más la frecuencia de resonancia de sus partículas y subiendo hacia niveles cada vez más cercanos a la frecuencia base de 15,6Hz que forma el plano físico de la nueva Tierra.

# 8.	La necesidad de subir la vibración, ¿por qué el trabajo lo tenemos que hacer nosotros y no lo hacen fuerzas externas, que vengan a salvarnos o provocar nuestra ascensión en masa?

Puesto que hemos mencionado que no existe nada ni nadie que te impida que sintonices con la línea temporal 42, y de ahí que "subas" a la nueva matrix o nueva realidad cuando sea posible, parece implícito que, entonces, tampoco nadie nos va a ayudar a que subamos ni nadie nos va a estirar hacia arriba si no hacemos el trabajo por nosotros mismos. Es decir, este proceso, aunque temporalmente cerrado por una situación que explicaremos en breve, depende solo de nosotros mismos, y de nadie más, aunque podamos tener asistencia y ayuda externa a nivel macro o aunque podamos ayudarnos entre los seres humanos, unos a otros, para ello.

¿Qué significa que este proceso esté temporalmente cerrado? Como habéis leído, estamos en un momento de nuestro progreso histórico como raza en el que, por primera vez, se están haciendo todos los esfuerzos posibles para expulsar del planeta, y se está consiguiendo, a las diferentes razas que crearon el cuerpo y sistema energético que usamos y que se han mantenido en control del sistema de gestión de la humanidad desde entonces.

Durante los pasados dos años, se ha mantenido "abierto" el paso de línea temporal, permitiendo a aquellos que hacían el trabajo, el esfuerzo y tenían la constancia de ir elevando su vibración y frecuencia, conectarse a la línea temporal 42, incrementando primero la vibración de las partículas del cuerpo causal, luego la vibración del cuerpo mental, luego la vibración del emocional, luego del etérico y luego del cuerpo físico, en su contrapartida energética.

De esta manera, a lo largo del año 2017 y 2018, aproximadamente un 5% de la humanidad, bien por ya estar y poseer una frecuencia natural de vibración por encima de los 11Hz o bien por haber hecho el trabajo de subir conscientemente esa vibración, "sintonizó" y "ancló" sus cuerpos sutiles a la corriente energética de la línea 42, empezando a resonar con ella, y, por lo tanto, moviendo sus "vías de tren" particulares hacia la "vía común" que, en nuestro futuro percibido, nos lleva a las oportunidades de cambio de realidad.

Sin embargo, debido a los ataques, bloqueos, manipulaciones y todo tipo de obstáculos puestos por las mismas razas y sistema de control, que estiraban "hacia abajo", frecuencialmente, a todas esas personas, y las obligaban a volver a frecuencias de resonancia de la línea temporal 33, este "tira y afloja" llevó a la necesidad de bloquear temporalmente el paso de una línea a otra, para "proteger" a los que ya estaban en la 42 e impedir que fueran arrastrados de nuevo hacia la 33.

Para ello, en enero del 2019 se cerraron temporalmente las líneas de paso, instalando, las fuerzas y grupos que asisten al planeta, una "barrera" energética que separa las dos líneas temporales, que recordemos son como bandas de energía que permean todos los planos y estructuras de la Tierra y dan lugar y soporte a lo que nosotros percibimos como la "realidad común". De esta manera, nadie que estuviera por debajo de 11Hz podía ya subir más allá de esta frecuencia de vibración las partículas de su sistema energético, y nadie que estuviera por encima de 11Hz podría descender de este límite en las suyas.

Este mecanismo, lo que permite es que ese aproximadamente 5% de la población que está ya lista para iniciar las siguientes fases de preparación al "salto evolutivo", avance todo lo rápidamente que pueda hacia el subnivel 21 de la línea temporal 42, desde donde ya no se le podrá "bajar" de nuevo, frecuencialmente hablando, a la 33, pues no habrá energía densa o negativa en el planeta que pueda resonar con una frecuencia de vibración tan alta y llegar a afectar a las personas en esos niveles como para sacarlas de nuevo hacia la línea "negativa".

Con esta medida, se pretende dar una oportunidad de paso inicial a los que están más preparados para ello, y luego, está previsto que, en un par de años como mucho, desde la fecha de bloqueo del paso entre líneas, posiblemente para el otoño del año 2020, se vuelvan a abrir para que el resto de la humanidad que se encuentre en la octava más alta de la línea 33 pueda pasar a la línea 42, y, de ahí, puedan hacer el mismo recorrido que el resto, esperando que se expulsen pronto del planeta asimoss y miembros del resto de razas que nos tiran "hacia abajo", aunque todavía vaya a quedar en pie el sistema de control "humano" que suponemos lo seguirá intentando, aunque con menos poder y capacidades para ello.

Por lo tanto, nos encontramos en un "punto de paso", ahora en esta primavera del 2019, donde los que ya están en la línea 42, están "protegidos" hasta cierto punto y no pueden descender a la 33, y, por lo tanto, solo les toca seguir subiendo y subiendo su vibración hacia el nivel 21, y los que están en la línea 33, pueden hacer lo mismo hasta llegar al nivel 28 de esta, para que, cuando se retire la barrera, que podéis ver diagramada en el esquema de la página siguiente, puedan también sintonizarse con esta corriente energética que, probablemente, ya mantendrá abierto el "puente de paso" indefinidamente hasta que todos los seres humanos con capacidad de pasar de nivel evolutivo lo hayan hecho.

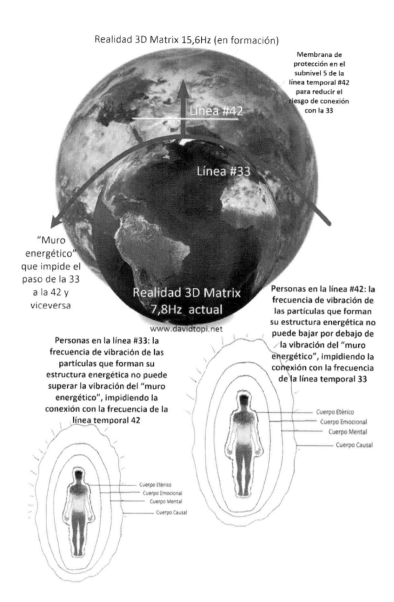

Realidad 3D Matrix 15,6Hz (en formación)

Membrana de protección en el subnivel 5 de la línea temporal #42 para reducir el riesgo de conexión con la 33

Línea #42

Línea #33

"Muro energético" que impide el paso de la 33 a la 42 y viceversa

Realidad 3D Matrix 7,8Hz actual

www.davidtopi.net

Personas en la línea #33: la frecuencia de vibración de las partículas que forman su estructura energética no puede superar la vibración del "muro energético", impidiendo la conexión con la frecuencia de la línea temporal 42

Personas en la línea #42: la frecuencia de vibración de las partículas que forman su estructura energética no puede bajar por debajo de la vibración del "muro energético", impidiendo la conexión con la frecuencia de la línea temporal 33

Cuerpo Etérico
Cuerpo Emocional
Cuerpo Mental
Cuerpo Causal

Cuerpo Etérico
Cuerpo Emocional
Cuerpo Mental
Cuerpo Causal

Y bien, ¿cómo hacemos entonces para elevar nuestra vibración y que mis partículas eleven su frecuencia? ¿Por qué es un proceso individual? ¿Qué hay de todo eso que hemos visto publicado de que la humanidad "asciende" en masa y que vienen a ayudarnos desde fuera?

Es pura fantasía, o mejor dicho, distorsión de unas ciertas reglas evolutivas destinadas a eliminar del ser humano la responsabilidad de tomar las riendas de su propio camino de crecimiento. Pensad lo siguiente. Si el concepto de "bueno" o "malo" no está contemplado desde el punto de vista de nuestro Yo Superior, si nada se percibe desde esta dualidad de los opuestos y con estos juicios de valor, entonces el hecho de estar en un nivel evolutivo o en otro no es tampoco "bueno" ni es tampoco "malo", pues ese concepto es relativo al estado de consciencia de la persona que se encuentra en ese "curso".

Si hacemos la analogía con una escuela terrestre, ¿es bueno o malo que un niño esté en segundo o en tercer curso? Depende, sería la respuesta. ¿Qué edad tiene y que ha estudiado? ¿Ha completado los requisitos de segundo curso para pasar a tercero? Si la respuesta es positiva, la mayoría de nosotros diríamos que entonces es "bueno" que ese niño pueda pasar de segundo a tercero cuando la escuela abra sus puertas y se inicie el nuevo periodo escolar. Por el contrario, si la respuesta es que el niño aún no ha estudiado, aprobado, y completado las lecciones, asignaturas y conocimientos mínimos de segundo curso, entonces no tiene sentido que pase a tercero.

Algo así tan normal para nosotros es exactamente lo que perciben nuestros Yo Superiores hacia sus contrapartidas "terrenales". De manera que, ¿es bueno o malo que alguien se mantenga en la línea 33 y no pase de nivel, de momento, o que alguien se suba al tren de la línea 42 y pueda hacerlo?

No es bueno, no es malo, es lo que es. Si la persona está lista para ello, tiene el permiso y el pase libre para el cambio de realidad, si no lo está, nadie le juzga, nadie se enfada, nadie le reprocha nada, nadie se preocupa. Todo está bien tal y como está, porque los procesos evolutivos son individuales, intransferibles, nadie puede hacer el trabajo por nosotros y nadie puede forzar nuestra subida a la nueva realidad, nueva Tierra, si no estamos listos para ello.

Entonces, ¿cómo es que nos podemos ayudar mutuamente? Nos podemos ayudar si uno de nosotros conscientemente asiste a otros a elevar su vibración, con conocimiento, con técnicas, ayudándole a conectar con su Yo Superior, asistiendo a los que tengan más dificultades para ello de una u otra forma, trabajando en conjunto con el Yo Superior de nuestros familiares, por ejemplo los niños, y haciendo peticiones en su nombre con los permisos que tenemos por ser parte del núcleo familiar, etc.

Podemos encontrar maneras de que unos nos ayudemos a otros, pero la ayuda no exime de la responsabilidad de decidir si queremos hacer el salto, si queremos pasar de curso y si queremos ejecutar todos los cambios, sanaciones y desprogramaciones necesarias para ello. Y es que el solo hecho de estar sintonizado con la línea temporal 42 no basta para poder transicionar a la nueva realidad, es decir, aunque ayudemos a otras personas a elevar su vibración y tomemos responsabilidad por ellas, en algún momento esa persona tendrá que hacerlo por sí misma, quiera o no, ya que hay muchos pasos y etapas previas al salto, que explicaremos más adelante, que solo se pueden ejecutar bajo el libre albedrío y responsabilidad personal de cada uno.

Por lo tanto, el proceso está perfectamente establecido para que recibamos toda la información y conocimiento que necesitemos para recorrer cada etapa del camino, pero el camino se ha de recorrer individualmente, y eso no puede ser cambiado ni alterado de ninguna de las maneras. De este modo, todo aquello que incite, en el imaginario colectivo, en los sistemas de creencias impuestos a través de la manipulación del inconsciente colectivo, a esperar que "algo" o "alguien" venga desde fuera a "salvarnos", a elevarnos en masa, a solucionar todos nuestros problemas, es una distorsión de aquellos en control para reducir el número de personas que realmente terminarán dando el salto de realidad, ya que, desafortunadamente, hay muchos millones de personas, centenares de ellos, que siguen esperando una salvación externa, un cambio que les venga desde el exterior sin que tengan que hacer nada ellos para asumirlo, etc.

Con esta maniobra, el sistema de control se asegura la gestión de una gran parte de la humanidad de la línea 33 aun después de que un pequeño porcentaje de la misma se haya "mudado" al siguiente nivel evolutivo, pues la vida en la línea 33 y en la Tierra "actual" de 7,8Hz, seguirá igual, simplemente faltarán unos cientos de millones de personas en todo el planeta que, en su momento, recibirán las instrucciones sobre cómo hacer ese salto de realidad, y será muy sencillo y sin complicaciones, tanto como abrir una puerta y cruzarla, pero con otras connotaciones más "técnicas" que aún no conocemos. Mientras sigamos esperando a que algo o alguien nos haga el trabajo que hemos de hacer, no tenemos ninguna posibilidad de conseguir dar ese salto de consciencia que está más cerca de lo que creemos, incluso en nuestra visión del tiempo lineal.

Bien, ¿cómo me voy preparando entonces? De nuevo, muchos de vosotros probablemente lleváis ya un par de años haciendo las peticiones que os voy a poner para elevar vuestra frecuencia de vibración, y otros no habéis ni siquiera oído hablar de ello, por lo tanto, empecemos desde cero de nuevo.

Revisando todo lo que ya sabemos, conocemos que nuestra frecuencia de vibración base es aquella que marca el nivel de resonancia de nuestras partículas y está asociado a muchos parámetros tales como el lugar del planeta donde vivimos o el estilo de vida que llevamos. Por pura estadística, la mayor parte de los lectores de este libro se encontrarán en la línea 33, en alguno de los niveles intermedios de la misma que hemos explicado. El objetivo es, por un lado, explicar cómo elevar la frecuencia de cada cuerpo sutil para que lleguéis a la última octava de esta línea temporal, y explicar cómo funciona el proceso de sanación que se produce en el camino. Por otro lado, para aquellos que estéis en la línea 42, seguiremos explicando y dando otras pautas para moveros al subnivel 21 de la misma con todos vuestros cuerpos y componentes.

Así, primero, ¿en qué línea temporal estoy? Tenéis que preguntárselo a vuestro Yo Superior, la manera más fácil es volver a pedir una señal o sincronicidad y lo haremos usando como medida la vibración del cuerpo físico-energético. Es decir, le pedimos a nuestro Yo Superior:

> *"Si mi cuerpo físico-energético se encuentra en la línea temporal 33 solicito ver en mi realidad el objeto XXXX, si mi cuerpo físico-energético se encuentra en la línea temporal 42 solicito ver el objeto YYY".*

Esto lo hacemos así porque ahora mismo no hay nadie que esté "atrapado" entre líneas, es decir, desde la instalación de la barrera, o estás al "completo" en la línea 33 o estás al completo en la línea 42, por lo que os recomiendo que volváis a preguntarlo aun cuando ya lo hayáis hecho en el pasado, ya que, si alguien estaba moviendo y subiendo cuerpos de línea pero tenía algunos en la 42 y otros en la 33, al instalar la barrera todos han caído hacia el nivel mínimo que la persona poseía, que es el nivel de vibración del cuerpo físico por ser el más denso de todos. De esta manera, es posible que hayamos hecho una parte del trabajo anteriormente, pero el cierre de líneas nos haya hecho descender hacia la 33 de nuevo porque no era posible mantener un pie en cada línea con una barrera frecuencial entre medio.

Una vez tenemos la certeza de que estamos en una línea o en otra, empezaremos a hacer estas peticiones que ahora os pongo a nuestro Yo Superior, para elevar la frecuencia de nuestras partículas hacia el nivel más elevado de la línea temporal. Así, si estamos en la línea temporal 33, vibrando por debajo de 10-11Hz, queremos subir todos nuestros cuerpos sutiles y físicos a esa frecuencia, por lo que solicitamos:

Solicito a mi Yo Superior que eleve la frecuencia de vibración de todos mis cuerpos sutiles hacia el nivel más elevado de la línea temporal 33, en cadena y en bucle, subiendo primero el cuerpo causal y asentándolo en el nivel siguiente al que ahora se encuentra, subiendo a continuación la vibración del cuerpo mental, asentándolo en el siguiente nivel al que ahora se encuentra, elevando después la vibración del cuerpo emocional, del etérico y del físico y ejecutando el mismo proceso en bucle, ininterrumpidamente, hasta que se encuentre toda mi estructura, cuerpos y componentes, en el subnivel 28, el más elevado, de la línea temporal 33 en la que me encuentro. Solicito que se recubran con capas de energía "neutra" los bloqueos y limitaciones que poseo que me impidan subir de vibración, hasta que llegue al nivel máximo posible, de manera que pueda elevar mi resonancia base lo más rápidamente posible y salir del alcance de los niveles de realidad más densos de mi línea temporal actual. Solicito que una vez en el subnivel 28 de la línea temporal 33, se anclen mis cuerpos sutiles a esta vibración, se codifique mi punto de anclaje para sostenerla y se pongan los topes y protecciones necesarias para evitar una caída frecuencial de nuevo hacia niveles inferiores de esta línea. Gracias.

Como veis, la petición es larga, y es que estamos solicitando muchas cosas que ahora vamos a explicar.

Primero, queremos que nuestro Yo Superior, en bucle, inicie el cambio de vibración de las partículas que forman nuestros cuerpos sutiles para subirlas de frecuencia. ¿Cómo se hace esto? Insertando energía del propio Yo Superior en cada cuerpo sutil, tal y como vimos en los primeros capítulos de libro anterior, donde explicamos cómo recargarnos con energías de alta vibración, a través del cordón dorado, a través de Muan, a través del sol y de la Tierra, etc.

Puesto que para que tus partículas vibren más rápido, hay que insertar en ellas energía de mayor vibración, le pedimos en la petición a nuestro YS que primero eleve la vibración del cuerpo causal, que ya conocemos, luego la vibración del mental, del emocional, etc. Y que lo haga en bucle, subiendo un escalón cada vez. Si por ejemplo tengo el cuerpo causal en el nivel 18 de la línea temporal 33, el mental en el 16, el emocional en el 12 y el etérico en el 10, junto con el físico, nuestro YS empieza a subir el causal al 19, y luego el mental al 17, y luego el emocional al 13, etc.

Posiblemente llegará un momento en el que, para equilibrar y ecualizar todos los cuerpos, se eleven algunos de ellos más "grados" o escalones de golpe, de manera que no haya tanta separación, así, en este ejemplo, es posible que nuestro YS en vez de subir el emocional del 12 al 13 haga el trabajo más largo de subirlo hasta el 15 antes de ponerse a subir los otros cuerpos hacia niveles superiores.

Por lo tanto, esta petición, que hemos de ir haciendo regularmente, para tomar el control y la responsabilidad del proceso conscientemente, nos ejecuta la primera parte del proceso, que es el movernos hacia los niveles superiores de la línea 33. Luego, como veis, también hemos puesto que se recubran de energía neutra posibles bloqueos que tengamos que nos impidan esta subida.

¿Qué significa esto? Significa que, sobre todo a nivel emocional, el ser humano está "lleno" de bolsas de energía negativa que pesan mucho: miedos, enfados, rabias, odios, traumas no procesados, etc., etc. Ese tipo de bolsas energéticas estiran "hacia abajo" la frecuencia de todo el conjunto, así que no hay forma de elevar la vibración por mucho que lo intentes mientras no resolvamos todos esos problemas y bloqueos energéticos que tenemos. Pero como esto puede durar una eternidad, y pocas personas se pondrán conscientemente a sanar sus heridas emocionales, sus traumas y fobias, a quitarse miedos, a eliminar energías estancadas, etc., lo que queremos es movernos rápidamente fuera del alcance de los niveles de realidad más densos del sistema de vida en la Tierra para poder hacer este trabajo de sanación cuando estemos en un nivel algo más elevado y cómodo.

Por lo tanto, al recubrir con capas de energía neutra cada una de estas bolsas energéticas negativas y bloqueos varios que podamos tener, estos no tirarán la frecuencia de la persona hacia abajo sino que le permitirán subir la misma. Una vez en el nivel 28 de la línea 33, entonces anclamos todos los cuerpos sutiles como habéis visto en la petición, les ponemos "topes frecuenciales", como si se tratara de las piquetas para anclar una tienda de camping al suelo, y sintonizamos nuestro punto de anclaje, que ya conocemos del libro anterior, al nivel más elevado de la línea 33. A partir de aquí, entonces, empezamos a retirar las bolsas de energía neutra y será cuando tengamos que lidiar con todo ello oculto en ellas si queremos seguir adelante en el proceso de paso hacia la línea 42 y la nueva realidad.

¿Y para los que estéis ya en la línea 42? Pues exactamente la misma petición pero cambiando algunos parámetros para que coincida con los niveles de esta línea, de manera que la solicitud a nuestro Yo Superior es la siguiente:

Solicito a mi Yo Superior que eleve la frecuencia de vibración de todos mis cuerpos sutiles hacia el nivel más elevado de la línea temporal 42, en cadena y en bucle, subiendo primero el cuerpo causal y asentándolo en el nivel siguiente al que ahora se encuentra, subiendo a continuación la vibración del cuerpo mental, asentándolo en el siguiente nivel al que ahora se encuentra, subiendo después la vibración del cuerpo emocional, del etérico y del físico y ejecutando el mismo proceso en bucle, ininterrumpidamente, hasta que se encuentre toda mi estructura, cuerpos y componentes, en el subnivel 21, el más elevado, de la línea temporal 42 en la que me encuentro. Solicito que se recubran con capas de energía "neutra" los bloqueos y limitaciones que poseo que me impidan subir de vibración, hasta que llegue al nivel máximo posible. Solicito que una vez en el subnivel 21 de la línea temporal 42, se anclen mis cuerpos sutiles a esta vibración, se codifique mi punto de anclaje para sostenerla y se pongan los topes y protecciones necesarias para evitar una caída frecuencial de nuevo hacia niveles inferiores de esta línea. Gracias.

Por lo tanto, todo exactamente igual que con la anterior y, a partir de aquí, empezaremos a movernos hacia escalafones superiores de ambas líneas temporales.

Ahora, ¿cómo asisto yo a mis familiares o a mis hijos a hacer este cambio? Si aquellos en nuestro núcleo cercano son adultos y con la capacidad de decidir por ellos mismos si desean hacer este trabajo conscientemente, no hay más de explicarles y darles las peticiones para que ellos mismos las ejecuten, pues no podemos violar el libre albedrío de nadie, y si alguien, por miedo, incredulidad, manipulación en su sistema de creencias, etc., no desea, no cree o no tiene intención de llevar a cabo este tipo de preparación, no hay nada que podamos hacer para ello. Por el contrario, con nuestros hijos es diferente, hijos pequeños se entiende, que aún no tienen consciencia para decidir por ellos mismos, y esta es la clave, pues en cuanto un niño llega al nivel de madurez que puede tomar decisiones sobre lo que quiere o no quiere hacer con su sistema energético, entonces se convierte en un "adulto" espiritualmente hablando, aunque en su carnet de identidad aún no tenga edad "legal" para hacer otras cosas en nuestra sociedad. Por lo tanto, podemos asistir a los nuestros porque, si recordáis el libro anterior, tenemos acuerdos entre almas para ayudarnos mutuamente en cada encarnación, algo que explicamos en el capítulo sobre la reencarnación del primer tomo de *Dinámicas de lo Invisible*.

Estos acuerdos permiten, porque nos hemos dado permiso mutuamente para ayudarnos mientras no podamos hacerlo conscientemente nosotros mismos, que los padres podamos hacer estas peticiones dirigiéndonos al Yo Superior de nuestros hijos y en su nombre, de esta manera, los YS de los pequeños ejecutarán igual, pues viene de una persona que comparte un vínculo álmico, permisos y acuerdos, y acepta la responsabilidad de asistir a los niños mientras estos no tengan capacidad de hacerlo por sí mismos.

Bien, aquí se plantean más preguntas. ¿Qué sucede si uno de los progenitores hace el trabajo en sí mismo, hace el trabajo para los niños, y otro progenitor no lo hace? ¿Se rompe la familia? No. No lo hace. Porque aún no hemos explicado los conceptos a fondo de cómo funcionan los inconscientes colectivos, especialmente en el ámbito familiar, y ese miembro de la familia que no hace ningún trabajo de elevación frecuencial, mientras que los otros si, se va a ver afectado por ellos, lo quiera o no lo quiera.

Vamos a verlo. Toda familia comparte un campo de energía común. Hablamos de las familias a nivel más nuclear, en general, de miembros que viven juntos o cuya relación es tan cercana que las experiencias o vivencias de uno afectan a los demás por compartir líneas temporales muy juntas y donde casi todos los eventos son compartidos. Por lo tanto, si tú decides hacer X en tu vida, afectará directamente a una serie de personas, y aquellos a los que afecte, posiblemente son los que compartan contigo el inconsciente colectivo familiar más cercano.

Esto hace que este campo mental familiar que se forma por defecto cuando dos o más personas se juntan, se vaya a ver influenciado por los cambios en los sistemas energéticos de sus miembros. Es decir, si de cuatro miembros de una familia, tres suben su vibración constantemente, la vibración de tres de los cuatro sistemas energéticos que nutren el inconsciente colectivo familiar elevará indiscutiblemente la frecuencia de resonancia de ese inconsciente colectivo "nuclear", por lo tanto, el "campo grupal" también subirá dentro de la línea en la que estén esas personas.

¿Qué sucede con el otro miembro? Que se verá afectado, y sus partículas también empezarán a subir de vibración, pero no porque haya hecho el trabajo con su Yo Superior, sino por resonancia con el entorno en el que se encuentra, de igual manera que dijimos en el libro anterior que si te ibas a vivir una temporada a una zona del planeta donde la frecuencia base fuera mucho más alta, tu, sin hacer nada, terminarías vibrando a esa frecuencia base solo por el hecho de que tus "moléculas" resuenan con las "moléculas" del entorno que tienen una vibración mucho mayor que la del lugar donde vivías antes.

Pues de igual manera sucede para los miembros de una familia, donde todos se afectan a todos, donde el estado anímico, energético y mental de unos altera el estado de otros, y donde, si uno toma las riendas de elevar la vibración de sí mismo, de aquellos que no pueden hacerlo y del campo grupal familiar, todos los que se encuentren bajo la influencia de ese campo se verán afectados para mejor, es decir, "subirán" también su vibración personal.

¿Es esto coherente con el hecho de que cada persona tiene que tomar las riendas de su propio camino evolutivo? Solo hasta cierto nivel, porque si esa persona que no ha hecho el trabajo por si misma se ve abocada a una subida frecuencial que no entiende, se revolverá, se alterará, se notará rara, no sabrá que le pasa, no podrá entenderlo, empezará a soltar carga energética y a verse envuelto en frecuencias más altas a las que está acostumbrado. Por lo tanto, tendrá en algún momento que pararse a ver que le está pasando, porqué, de donde vienen esos cambios y alteraciones, que ha sucedido en la familia que todos ellos también están cambiando, etc. Y esa persona para poder avanzar hacia los niveles más allá del nivel 21 de la línea temporal 42, tendrá que tomar la decisión de coger por ella misma las riendas del proceso, o entonces quedarse a las puertas del mismo hasta que llegue el momento en el que esté preparada para hacerlo.

¿Y la familia entonces que sí que ha hecho este proceso? ¿Lo deja atrás? En general, será elección de aquellos miembros del círculo familiar que vayan más avanzados, pero lo que es más probable que suceda, es que esa familia al completo se quede "estancada", en *stand-by* en el nivel 21 de la línea temporal 42 si han conseguido llegar todos ahí elevando la vibración del campo familiar común, hasta que todos los miembros de la familia estén listos para seguir adelante.

De lo contrario, la única opción es romper la unidad familiar, y salirse del inconsciente colectivo familiar para poder seguir tú con el paso a la nueva realidad, si no quieres esperar a que el resto de tu familia, o grupo cercano, haga "los deberes" para ello.

Por lo tanto, como veis, el proceso está diseñado para que no se rompa nunca la unión entre aquellos más cercanos, a no ser que se quiera deshacer conscientemente por uno o varios de ellos, pero, por defecto, la opción que está "marcada" en la casilla del cambio de nivel, es que se pasa a la nueva realidad por núcleo familiar completo, es decir, se mueven a todos los miembros de la familia cuando todos los miembros estén listos para ello, tarden lo que tarden en estarlo, pues una vez el plano físico de la matrix 15,6H esté listo, ya la puerta de entrada se mantendrá siempre abierta para todos los que consigan llegar al nivel frecuencial necesario para verla, sintonizarla y traspasarla.

9. ¿Qué se siente al estar en una línea temporal u otra? ¿Cómo sé que estoy elevando mi frecuencia hacia niveles de realidad más altos?

Ahora que hemos visto ya todos los conceptos sobre líneas temporales y el proceso de subida frecuencial dentro de las mismas, vamos a ver qué significa, en tu día a día, estar en una línea temporal u otra, para salir un poco de los términos técnicos y más abstractos y ver que reflejo tiene este proceso a nivel de "calle", a nivel de tu propia realidad personal.

Para entender esto, hemos de volver a lo que ya hemos comentado anteriormente, la realidad que nosotros percibimos como "real" no es como creemos, o al menos no es tan "tangible" como nuestros sentidos físicos nos muestran, siendo solo una proyección holocuántica creada por la co-creación de las proyecciones individuales de todos los seres humanos.

Pero, si la realidad no es "real", ¿qué es? Bueno, la realidad es completamente "real" a nuestros sentidos, pero no es más que una construcción energética que tiene varios niveles, empezando por el molde mental, luego la estructura etérica y luego la solidificación "material" que nos da a nosotros la manifestación de algo en el plano físico. Por lo tanto, si la realidad es una pura construcción energética, y ya conocemos del primer libro que la materia se manipula a través de la energía, y la energía se moldea a través de la consciencia, parece sencillo comprender que si altero la forma en la que comprendo el mundo y su sistema de vida, y altero la realidad energética que hay detrás de mis "cosas físicas", entonces puedo alterar lo que yo considero que mi realidad particular de mi día a día "es".

Antes, para ello, tengo que darme cuenta de lo que estoy emitiendo mentalmente, he de comprender como funciona la estructuración a nivel etérico de esos eventos y he de comprender como aparecen en el plano físico esas situaciones, eventos o experiencias. Y, para ello, era necesario comprender el concepto de las líneas temporales porque son la base de la proyección y co-creación de esta realidad.

Entonces, de nuevo, todo lo que sucede, ha sucedido, existe o puede llegar a existir en el planeta primero se ha de crear como escenario en el plano mental, ha de existir una idea, un concepto, un arquetipo o formas mentales que contengan lo que se ha de crear. Puesto que ninguno, en general, nos encontramos proyectando conscientemente nuestro día a día, estaremos de acuerdo en que es normal que la mayoría de seres humanos creamos que no hemos tenido nada que ver con el mundo que vemos al levantarnos por la mañana y que, "algo", lo ha creado así como es y yo me "acoplo" al mismo. No es correcto, pues los proyectores de realidad no son parte de la mente consciente sino de la subconsciente, por lo tanto, todos nosotros, constantemente, en cada segundo de nuestras vidas, estamos emitiendo a través de nuestra glándula pineal, en su contrapartida etérica y mental, las "ondas" con el contenido de la realidad que luego "aparece" en el mundo de los sentidos.

¿Y este contenido, de dónde sale? Sale del cuerpo mental, es decir, tu glándula pineal recoge, cada microsegundo, los "paquetes de datos" con la información que existe en tu cuerpo mental y, mediante mecanismos presentes en la esfera mental subconsciente, los proyecta en forma de onda holocuántica hacia el exterior, hacia el plano mental, creando el molde y los escenarios de lo que, más tarde, será aquello que te suceda, pues estás "dibujando", constantemente, las viñetas "estáticas" que ya conocemos y por las que luego "pasaremos" con nuestra esfera de consciencia, dándonos la sensación de continuidad en el tiempo y permitiéndonos crear un escenario común que sirva de base para experimentar la vida.

De esta manera, aquello que dicta lo que te sucede o deja de suceder es aquello que emites, pero aquello que emites sin saberlo y sin darte cuenta, y sin ser quien está en control del proceso, pues se encargan de ello mecanismos subconscientes que no conocemos todavía.

Y el contenido del cuerpo mental, ¿de dónde sale? Sale de la programación de las esferas mentales, de los sistemas de creencias y de todo lo que hemos acumulado en nosotros sobre cómo son las "cosas ahí fuera". Esto hace que, si una persona emite constantemente, porque así lo cree subconscientemente, que el "mundo está muy mal", su proyección holocuántica resonará, creará y manifestará en su realidad, a través de su línea temporal, sucesos y vivencias y experiencias que confirmen esa percepción de la realidad.

Esto que suena así de sencillo, no lo es. Porque si lo fuera, nada más dejar de emitir "cosas negativas" tendría que cambiar mi realidad. Y hasta cierto punto es correcto, lo malo que a partir de cierto punto, no lo es.

¿Por qué? Porque la programación que tenemos en la mente es tan profunda, tan complicada y tan enrevesada, que para desmontar los mecanismos "naturales" que emiten continuamente todo lo que vemos como el mundo real, es necesario un trabajo arduo y titánico de toma de consciencia y de limpieza mental y emocional a niveles muy profundos, pues no basta con decir "el mundo es maravilloso", sino que hay que eliminar todo, y todo es todo, lo que subconscientemente no cree que el mundo es maravilloso, lo que está acumulado por años de sufrimiento, de malas experiencias, de traumas, de lo que los medios de comunicación nos muestran como el mundo de "ahí fuera", etc. Por lo tanto, es como borrar miles de datos de millones de enciclopedias presentes en nosotros, que, combinados, nos otorgan una visión de la realidad que nuestra glándula pineal "recoge", mediante mecanismos subconscientes, y lo proyecta al sustrato mental para que proporcione forma "material" a aquello que nosotros consideramos que es el mundo sólido de los sentidos.

Entonces, ¿qué puedo hacer para cambiar esto? Sanación energética, desprogramación mental, autoobservación y consciencia plena, eliminar todo lo que poseemos a nivel emocional y mental que nos arrastra y nos mantiene en un estado energético bajo y limitado, algo que ya iremos haciendo poco a poco a medida que vayamos dando pautas para ello.

Pero ¿y las líneas temporales? ¿Dónde se han quedado en este proceso? Habíamos dicho que tu realidad depende de lo que emites, y lo que emites posee una frecuencia de vibración determinada, de manera que si estás con tu cuerpo mental en la línea 42, emites a una frecuencia mayor de 11Hz y si estás en la línea 33, emites a menos de esa frecuencia. Por lo tanto, eventos percibidos como más positivos tienen una vibración base en todas sus partículas y estructuras mentales, etéricas y físicas más elevada, y eventos percibidos como negativos tienen una frecuencia más baja.

Si tu sistema energético está en la línea 42, emites dentro de un rango frecuencial más alto, sintonizas con materia prima del plano mental más "alta", y al "caer" el evento mental al plano etérico, lo hace por una corriente energética "más alta", que luego aparece en el plano físico como una experiencia más "positiva". Es decir, aquellos en la línea temporal 42, empezarán a ver, a medida que suban y suban su frecuencia de resonancia, como su día a día tiende a ir a mejor, empiezan a ver como las cosas "fluyen" más, todo es más fácil y más sencillo, y, en general, las circunstancias personales y de aquello que le rodea empieza a cambiar hacia mejor, paulatinamente. Esto no significa que no vayamos a tener días malos, o situaciones que entren dentro de la categoría de cosas "negativas", sino que, en conjunto, la realidad de la persona al estar sustentada por una corriente energética de mayor vibración, irá siempre hacia un sentido más "positivo", hacia el concepto de pronoia, de que todo fluye cada vez más.

Por el contrario, personas en la línea 33, dependiendo del nivel en el que estén, percibirán su realidad como estancada, o yendo a peor si se mantienen en la primera octava de la línea, mejorando un poquito si consiguen llegar hasta el nivel 28 de la misma, pero siempre dentro de unos parámetros frecuenciales menores que aquellos sintonizados con la línea temporal 42.

Esto es debido a que la línea 33 no pasa en ningún caso de los 11Hz, y eso representa, aún, una frecuencia baja de vibración, a pesar de que es mejor estar a 11Hz que a 9Hz, pero es mejor estar a 13Hz, por ejemplo, donde se perciben las cosas de otra forma. Todo depende de la vibración de las partículas de cada uno de nosotros, todo depende del sustrato al que estemos conectados, todo depende de si usamos "materia prima" mental y etérica de alta vibración o de baja para proyectar y reflejar en el mundo sólido aquello que llevamos en el cuerpo mental, y, por supuesto, depende de lo que tenemos programado, pues si emitimos paquetes de datos basados en el miedo y todos sus derivados, el mundo "externo" nos refleja ese tipo de realidad, mientras que si emitimos y proyectamos todo tipo de paquetes de datos basados en frecuencias mucho más altas, sucede lo mismo.

Al final, es cuestión de decidir en qué tipo de realidad se desea vivir, pues la responsabilidad es puramente individual, aunque lamentablemente todos nos vemos afectados por todos a la hora de proyectar esta realidad. De nuevo, ¿qué significa esto?

Estoy seguro que más de una vez habréis oído decir algo así como que si quieres conseguir algo, no se lo digas a nadie hasta que lo hayas conseguido. ¿Qué tiene de cierto este dicho popular? Energéticamente hablando, puesto que la mayoría de seres humanos tenemos una vibración más o menos similar y la mayoría de la humanidad se encuentra en la línea 33, nuestras glándulas pineales emiten en una frecuencia muy parecida que puede interferir con las proyecciones de otras personas.

Imaginad lo siguiente, si ponéis la radio podéis sintonizar una emisora musical porque tenéis el dial ajustado a esa frecuencia, de manera que simplemente entráis en el sintonizador del coche o del móvil la emisora qué queréis y la escucháis con total tranquilidad. Esto es debido a que vuestra radio aísla una de las frecuencias de las emisoras radiofónicas entre el conjunto de todas las demás, de manera que no se solapan y no estás escuchando, como a veces pasa, dos emisoras a la vez que se interfieren entre sí porque están demasiado cerca una de la otra, frecuencialmente hablando.

Pues algo parecido pasa con nuestros mecanismos de emisión holocuántica. Cada uno es como una emisora de radio, así que emitimos en una frecuencia concreta diferente a la frecuencia de los demás seres humanos con muy pocos milihercios de diferencia. Esto hace que, si millones de personas comparten frecuencias muy parecidas, por estar casi todos dentro de la misma línea temporal, hay millones de "ondas" que están siendo proyectadas y que, sin poder evitarlo, van a interferir con otros cuantos millones de ondas que están por doquier alrededor nuestro.

Cuando dos ondas con cierto contenido, pongamos dos canciones diferentes, o dos realidades diferentes, se interfieren, ¿qué sucede? Que no escuchamos ni una ni otra, sino que escuchamos "ruido", interferencias y solapamiento entre ambas. Por lo tanto, la "canción" resultante es pura distorsión acústica y desarmónica.

Así que lo mismo pasa con la realidad de dos seres humanos que emiten más o menos en la misma frecuencia pero con contenidos que se solapan, se interfieren, y crean distorsión entre sí, terminando por generar una "sopa energética" densa y caótica que es la que termina siendo proyectada en el plano mental de esas personas y manifestando luego el evento etérico y físico para ambas, o para alguna de ellas, interferida por la otra, de manera completamente diferente a como querían, creían o les hubiera gustado que fuera la materialización de esa situación en la realidad.

Puesto que cuando estamos juntos con otras personas emitimos sin parar y sin darnos cuenta todo lo que llevamos a cuestas, la realidad común de una familia, por ejemplo, será la suma de la realidad de todos los miembros de la familia con las interferencias y distorsiones que unos se proyecten sobre los otros, sabiéndolo o sin saberlo. Como esto además es automático, nadie tiene control consciente sobre el resultado porque nadie se da cuenta de lo que está sucediendo, y, si además quieres proyectar algo y lo explicas a los demás, estos activarán sin darse cuenta sus miedos, creencias, formas de entender lo que tú quieres y demás, y generarán, sin darse cuenta de nuevo, las ondas holocuánticas que irán con el contenido de su interpretación sobre tu visión o idea o proyecto hacia ti y hacia la proyección de aquello que les has explicado, con lo que, ahora, sus ondas de co-creación de la realidad se solapan a las tuyas, porque llevan contenido consciente sobre lo que tú les has comentado, y la materialización de ese evento ya no depende solo de ti, sino de lo que todos aquellos que tengan conexión con el mismo, por conocimiento de este, ahora estén proyectando subconscientemente sobre él.

Por lo tanto, para evitar esto, hay pocas opciones. Una de ellas, por supuesto, no explicar nunca nada a nadie, pero es algo complicado de hacer si quieres seguir manteniendo una vida social y familiar en armonía, y no ser tachado automáticamente de insociable; otra formar es subir tu frecuencia de emisión a una zona donde no haya casi nadie, es decir, salir de la sopa energética "normal" para el resto de personas, de manera que tu "onda" esté muy por encima en vibración de las del resto y no puedan interferirte por mucho que lo intenten, y, la tercera, es desconectarte del resto de personas para poder evitar las interferencias por completo, algo que tampoco es sencillo pues ninguno de nosotros tenemos la capacidad de vivir aislados de otra parte de la sociedad.

Así, si la única manera más o menos viable de proyectar una realidad "positiva" es elevando la frecuencia de nuestras ondas, se hace fácil entender por qué aquellos en los niveles superiores de la línea temporal 42 tendrán una realidad mucho más positiva y elevada que aquellos en la 33, y aquellos en la 33 dentro de la última octava, tendrán una realidad mucho mejor que aquellos en la primera octava de la misma línea.

Y esto que parece ficción y un mecanismo tan complicado para algunos, no es sino la explicación más sencilla a cómo funciona la realidad en nuestro planeta, y en todos los demás, porque todos los sistemas planetarios para todas las razas, grupos y especies conscientes que habitan en ellos usan el mismo proceso para la creación de su realidad más sólida y material, empezando por proyectar en su plano mental aquello que desean, moldeando a nivel etérico y creando las estructuras para ello, y luego dejando que los procesos de materialización de la realidad les lleven a manifestar el mundo en el que han decidido encarnar y experimentar aquello que a cada uno le toque aprender y trabajar.

10. Las distorsiones de los sistemas de creencias, los engaños y manipulaciones en los ICs para provocar la creencia de que el cambio evolutivo viene de fuera por intervención de otras razas o seres que vengan a salvarnos.

Habiendo terminado las explicaciones anteriores sobre cómo funciona la creación de la realidad de forma genérica, y la necesidad de tomar conscientemente por uno mismo el control de la misma, es fácil comprender por qué el sistema de gestión de la humanidad en el planeta desea a toda costa que no lo consigamos de ninguna de las maneras.

Pensad en lo siguiente, ¿qué país iría a la guerra contra otro si todos los soldados fueran conscientes de que son manipulados para los intereses de unos pocos individuos, que sienten desprecio por sus vidas, y los ven solo como juguetes y peones en un tablero enorme de juego, donde todo lo que importa es el poder, las riquezas y los recursos que se obtienen con ese conflicto? ¿Qué empleado de una empresa se pondría a crear productos que usados aparentemente para una cosa luego resulta que verdaderamente tienen otro efecto y otras consecuencias tremendamente negativas en la salud de sus congéneres? ¿Qué profesor seguiría enseñando y compartiendo información si supiera como la historia está tergiversada y manipulada y prácticamente nada de lo que está escrito en los libros de texto sucedió como aquellos que reescribieron la misma nos dicen que sucedieron?

Estos pequeños ejemplos forman parte de las preguntas que nos haríamos si estuviéramos en control de la creación del mundo en el que vivimos, sin la influencia de ningún sistema de gestión, y sin la influencia de ningún tipo de engaño o manipulación que nos lleva a buscar todas las respuestas "fuera", pues tendríamos toda la verdad "dentro", y nos llevaría a no querer cambiar el mundo desde "fuera", pues sabríamos cómo se cambia "desde dentro", y a dejar de pensar, sobre todo, que no tenemos poder para modificar como son las cosas, pues notaríamos el inmenso potencial latente para ello que yace en todos nosotros.

Esto último es lo más importante, pues a quitarnos ese poder se le ha dedicado mucho esfuerzo y recursos a lo largo de todos los milenios que la raza humana lleva existiendo. Puesto que no puedes deshacer una creación (la del trodoon convertido en ser individual fuera del reino animal) que nace con consciencia y conectada a un Yo Superior, y someterla a tus designios sin que fuerzas contrarias entren para impedirlo, tienes que jugar en los límites de las reglas y leyes evolutivas para poder someter a esa especie a tus órdenes pero aun así estar dentro, aunque sea rozando el extremo de salirte, de los límites de lo permitido por los Logos y aquellos seres que rigen la evolución y el crecimiento de todas las especies conscientes de cada rincón del universo.

Por este motivo, tanto asimoss como amoss como el resto de especies que dieron parte de su ADN para crear al ser humano, tal y como vimos en el último capítulo del libro anterior, jugaron con el conocimiento de saber hasta donde podían llegar y hasta donde no, y procuraron que aquello que ellos no pudieron hacer para bloquear por completo al ser humano, nos lo hiciéramos nosotros mismos, evitando la violación total de la regla del libre albedrío, y de no intervención sobre una especie en desarrollo, como era el trodoon cuando fue manipulado por los amoss para convertirse en el manu, y como era el manu cuando fue manipulado por los asimoss (los Anunnakis sumerios) para convertirse en el lhulu.

Por lo tanto, conociendo que el poder siempre reside en el individuo, que todo ser consciente en el universo tiene una conexión con la Fuente desde lo más profundo de sí mismo y a través de su Yo Superior, tuvieron que crear la ilusión de que todo lo que al ser humano le ayudaría, vendría de fuera, sería externo, sería una salvación que le vendría dada, sin que tuviera que esforzarse por ello, y teniendo solo que esperar a que llegara el momento adecuado y ser merecedor de ella. Esta creencia, fuertemente asentada en el inconsciente colectivo, es la base para muchas religiones que esperan a su salvador, y para muchos creyentes de sistemas de creencias "modernos" que esperan a que extraterrestres con sus naves intervengan para sacarnos de este tremendo lio en el que estamos. Como ni una cosa ni otra va a ocurrir, pues las reglas del juego siguen siendo idénticas a cómo eran antes, la humanidad tiene que deshacer por ella misma aquello que le ha sido hecho, y tiene que revertir la situación, si quiere, por ella misma, aunque eso no quite que reciba información sobre cómo hacerlo, ayuda cuando se pone a hacerlo y recursos para que pueda hacerlo.

Pero una cosa es recibir asistencia y otra cosa es quedarte esperando a que la ayuda venga sin que tu tengas que hacer nada, y eso es otro de los problemas existentes a la hora de intentar explicar al ser humano que el cambio evolutivo depende de él o de ella, únicamente, y de nadie más, y que el resto de fuerzas, seres, guías o jerarquías que pueden estar intentando ayudar, solo ponen pasarelas de paso, intentan dar información de cómo se cruzan y explican que hay detrás de la pasarela, pero nadie te coge de la mano para que la cruces o la dejes de cruzar, siendo una responsabilidad total de la personalidad, asistida por el alma, guiados por el Yo Superior, el hacer todo el trabajo necesario para ello.

Y ¿por qué nos cuesta tanto tomar las riendas de nuestro propio destino? Porque no estamos acostumbrados a ello. Lamentablemente funcionamos casi siempre en piloto automático y dejándonos llevar por las dinámicas que rigen el sistema de vida en el que nos encontramos, por lo tanto, son las "corrientes" sociales, económicas, culturales, educativas, consumistas, etc., las que van dictando hacia dónde nos movemos y cómo nos comportamos, ya que al haber insertado en el inconsciente colectivo global, y en los diferentes inconscientes colectivos locales que todo lo que necesitamos viene de fuera, simplemente cualquier cosa que venga del exterior nos parece bien, porque subconscientemente estamos programados para creer que ahí es donde reside aquello que nos traerá el progreso, el crecimiento, la evolución, el avance, etc.

Es una manera de mantener al ser humano enfocado siempre hacia el exterior, a través de un mecanismo que se conoce como la "reversión de la esfera de conciencia", cuya función explicamos en el libro anterior sin llegar a entrar en detalles de cómo es posible que siempre estemos pendientes de lo que está alrededor nuestro, pero nunca prestemos atención a lo que está o proviene de nuestro interior. Algo que vamos a tratar de completar ahora.

Si recordáis las explicaciones sobre la esfera de consciencia, dijimos que es un torus energético que pertenece al cuerpo mental de la persona, y que se encuentra situado más o menos a un metro por encima de su cabeza "física", perteneciendo al plano mental de la estructura del planeta.

La esfera de consciencia contiene nuestra personalidad, que se forma en su superficie, alrededor de una "masa energética mental" que nos dota de una consciencia "artificial", puesto que es una consciencia que solo existe mientras permanecemos dentro del avatar que representa nuestro cuerpo y vehículo orgánico, y desaparece al fallecer el mismo.

Por lo tanto, el avatar que usamos posee una personalidad y una consciencia artificial que se empieza a formar alrededor de la esfera de consciencia en el momento del nacimiento y desaparece en el momento de abandonar cada partida del juego de la vida. Pero, por otro lado, tenemos una consciencia "real" permanente, que es la consciencia proyectada desde el Yo Superior hacia la esfera de consciencia, de manera que, en el centro de la misma, como veis en el diagrama de la página siguiente, se encuentra la consciencia "real" y "eterna" que nos es dada por la conexión con nuestro ser, mientras que, en la superficie, se forma una consciencia que opaca a esta última y que es creada por los programas de gestión de la psique insertados por asimoss en el momento de la creación de la especie humana.

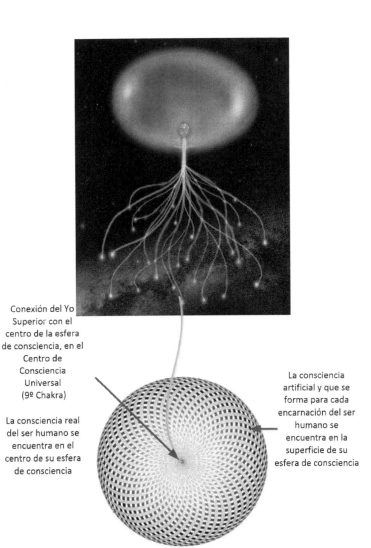

Conexión del Yo Superior con el centro de la esfera de consciencia, en el Centro de Consciencia Universal (9º Chakra)

La consciencia real del ser humano se encuentra en el centro de su esfera de consciencia

La consciencia artificial y que se forma para cada encarnación del ser humano se encuentra en la superficie de su esfera de consciencia

Tal y como veis en el diagrama, la esfera de consciencia en su superficie se encuentra formada por "puntos" o bloques energéticos, como resultado de la fragmentación de la consciencia artificial, que no son otra cosa que los diferentes "personajes" que tenemos y que

162

forman nuestra personalidad, algo de lo que ya hablaremos en detalle en algún otro momento, conectados a la mente y al cerebro y gestionados por el programa ego.

Sin embargo, lo interesante de esta configuración, para entender por qué estamos siempre pendientes del mundo de los sentidos y nunca del mundo interior de cada uno y de la conexión con nuestro ser a través de nuestra consciencia "real", es porque los vectores de las partículas y líneas energéticas que forman la esfera de consciencia tienen una cierta orientación que determina hacia donde, esa consciencia, se enfoca.

El proceso de reversión de la esfera de consciencia, que explicaremos de forma genérica para que se entienda, consiste en darle la vuelta, en dirección, a todas las partículas que, en el momento del nacimiento, están enfocadas hacia el centro de la esfera de consciencia. Es decir, cuando un bebé nace, su personalidad aún no se ha formado, pues esta va creándose poco a poco en la superficie del torus, y toda su atención es interna, hacia dentro, de manera que ese recién nacido se siente conectado con su ser al 100% y se siente conectado con la Fuente y la Creación a través del mismo.

El alma de ese bebé está recibiendo instrucciones y aprendiendo a través de las informaciones que el Yo Superior le da sobre cómo funciona la gestión del cuerpo que ahora ocupa y mantiene una pequeña parte de su atención hacia el exterior, para ser capaz de percibir a los padres y la habitación donde se encuentra, por ejemplo, pero la mayor parte de su atención se encuentra hacia el interior de sí mismo, hacia su ser, y su conexión con el universo. Si ese bebé crece manteniendo esa conexión, la parte de su consciencia que se mantiene alerta y atenta a lo que viene del exterior no afecta a su conexión con lo que realmente "es", y con la conexión con su Yo Superior, pudiendo gestionar ambos "mundos" a la vez, pero teniendo siempre un punto de anclaje a la realidad material para poder vivir en ella sin perder la esencia de lo que "es" en el interior del cuerpo que usa.

Esto lleva, sin género de duda, a que ese niño de adulto siga estando conectado con lo más profundo de sí mismo a la vez que es completamente capaz de gestionar el mundo "sólido" en el que se encuentra, pero, por otro lado, ese adulto no puede ser manipulado, no puede ser programado, no acatará órdenes del sistema, no se dejará convencer, no podrá ser ofuscado, usado como recurso, no podrá ser obligado a hacer lo que no quiera hacer, etc., simplemente porque su conexión interior le otorga la capacidad, sabiduría, conocimiento y potencial energético para evitar todo lo anterior. Por lo tanto, este mecanismo debía ser inutilizado en la creación del lhulu por parte de asimoss pues el trodoon y el manu aún lo poseían activo.

¿Y que hicieron los Anunnakis para ello? Introdujeron el concepto de reversión de la consciencia para que todos los vectores y líneas de energía de la esfera de conciencia dejaran de estar conectadas hacia el interior y se enfocaran exclusivamente hacia fuera, de esta manera, ninguna partícula de la esfera de consciencia estaría "pendiente" de lo que viene del Yo Superior, cuya consciencia sigue estando latente y activa en el centro de la esfera, y la personalidad que se formaría se enfocaría y se mantendría solo funcionando con la consciencia artificial del exterior del torus.

El proceso que lleva a este cambio es lo que hemos comentado que recibe el nombre de *"la reversión de la esfera de consciencia"*, y esta reversión se lleva a cabo a través de la inserción de un programa energético dentro de la esfera que cambia la polaridad y orientación de los ejes de las partículas que la forman.

¿Qué programa es? ¿Cómo es posible que un programa pueda hacer esto? En realidad, es bastante sencillo, pues visto desde el punto de vista de la ingeniería genética y de la manipulación de la estructura de cualquier ser vivo, todo está compuesto por energía, y eso ya lo conocemos, y esa energía tiene cualidades que hemos visto, y que se pueden adaptar si otras energías de mayor potencia las "obligan" a ello. Por lo tanto, una partícula con una carga energética determinada y una orientación determinada puede ser alterada si le aplicas otro tipo de energía que cambie esos parámetros, y eso es lo que se hizo.

Se instaló un programa en la superficie de la esfera de consciencia de los primeros modelos de lhulus que iniciaron los cambios en la orientación de los ejes de las mónadas de la consciencia del lhulu aún enfocados al interior de la misma. Este programa, que lleva insertado el concepto de "*deseo*", se encargó de aplicar la carga energética necesaria para activar ese "deseo" en la consciencia humana, y que esa consciencia artificial, que se iba creando en la superficie, fuera enfocándose cada vez más hacia el mundo percibido por los sentidos físicos del lhulu y desconectándose del mundo interior que le otorgaba la conexión con el Yo Superior.

De esta manera, el programa "deseo", obligaba a la consciencia a "querer" y "anhelar" a través de la estimulación emocional y mental del sistema energético, todo aquello que venía de fuera, que era captado por los sentidos, dejando en un segundo plano todo aquello que venia del interior del propio lhulu, donde seguían latentes la enorme sabiduría de la Creación, la energía infinita necesaria para crear lo que quisiera y el potencial para poder crecer y evolucionar sin depender de ese "mundo exterior" que ahora había tomado el papel que antes hacia la conexión con el Yo Superior y se hacía pasar por el salvador del lhulu, luego del lhumanu, y miles de experimentos y cambios después, del *homo sapiens sapiens*.

Así, y llegando al momento presente de nuestro estado evolutivo como raza, el ser humano sigue buscando todo fuera, sigue esperando que todo venga de fuera, cuando tiene un problema busca la solución fuera, cuando espera que le suceda algo, espera que le venga desde fuera. Nos han enseñado que el mundo existe independientemente de nosotros, y no es correcto, pues creamos el mundo que existe y el potencial para ello está en nuestro interior, pues somos los encargados de proyectar la realidad mediante emisiones holocuánticas a través de la glándula pineal que toman el contenido de nuestro cuerpo mental sobre cómo tiene que ser el mundo que creemos que es real y tangible.

A partir de aquí, solo es cuestión de manipular la psique humana manteniéndola ocupada en el mundo de la materia, y procurando que este nunca mire hacia dentro de sí mismo, que es donde reside todo el potencial y poder que tiene cada persona, sin excepción, para co-crear y proyectar la realidad que desea y, en conjunto, proyectar la realidad común que nos gustaría tener a nivel planetario.

Puesto que en estos momentos es una utopía que la mayor parte de la humanidad llegue a entender esto, el proceso de paso evolutivo es muy lento, complejo, y lleno de situaciones en las que, aquellos que se dan cuenta de lo que sucede e intentan seguir adelante, no lo tienen fácil para ir a contracorriente de los sistemas de creencias que rigen a la especie humana, y tienes que aislarte, luchar contra los que tienes alrededor que no te entienden, que no consiguen comprender lo que está sucediendo a nivel global, etc.

Puesto que hemos dicho, y repetimos, que el paso de nivel evolutivo depende solo del trabajo individual de cada ser humano y nadie va a forzar o dejar de forzar que alguien pase o no pase al siguiente curso, todo está en manos de cada persona que existe en estos momentos sobre la faz de la Tierra, no pudiendo haber intervención planetaria de ningún grupo de extraterrestres que vengan a salvarnos con sus naves o no habiendo ningún redentor a punto de encarnar para llevar a las masas al paraíso prometido. El "juego" no funciona así.

11. Cómo se manipula el IC de la humanidad para insertar grandes creencias sobre un tema u otro

Ya hemos mencionado en varias ocasiones el concepto del inconsciente colectivo y el papel que este tiene a la hora de dotarnos de un sistema de creencias que mantenga al ser humano lo más "dormido" posible, dentro del enorme rango de sistemas de creencias religiosos, culturales, sociales o incluso científicos que poseemos y que se han codificado en la psique común. También es posible que muchos de vosotros hayáis oído hablar de este concepto, el inconsciente colectivo, pues fue popularizado por el trabajo de personas como Carl Jung y estudios sobre la psicología de masas a lo largo del siglo pasado.

En general, el concepto del inconsciente colectivo no se comprende excesivamente bien, pues no se puede entender algo de lo que niegas una parte de su estructura y composición. Es decir, antes de aceptar que todos los seres vivos estamos conectados entre sí por un enorme campo de energía en el plano mental del planeta en el que habitamos, tenemos que ser conscientes que el planeta que habitamos tiene una estructura multidimensional y hay un nivel donde se encuentran todos los conceptos, arquetipos y formas mentales que dan lugar a la realidad que creemos como sólida. Luego, hemos de aceptar que la mente no es el cerebro, ni un producto de este, sino un campo de energía compuesto por seis esferas mentales que se encuentran formando parte también del cuerpo mental del ser humano, lo que nos lleva a tener que aceptar que somos mucho más que nuestro cuerpo físico, ya que nuestra estructura es muy compleja y multidimensional, como hemos explicado en el libro anterior.

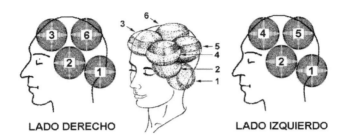

LADO DERECHO   LADO IZQUIERDO

Por lo tanto, el hecho de que las ramas del conocimiento psicológico lleven a hablarnos de un inconsciente colectivo, es solo a nivel de concepto "abstracto", pues se percibe "algo" que no se puede medir con nuestros aparatos, pero que se ubica y mantiene dentro del concepto de "cerebro", y restringido al ámbito de la "cabeza", para poder darle un sentido, falso y distorsionado, pero sentido al fin y al cabo, sobre qué es la mente, dónde está, qué es la consciencia y porqué somos conscientes. Puesto que no se permite, o no se quiere aceptar en general, la idea de que el cuerpo físico es solo un "envase" para el resto de aquello que somos, la mayoría de explicaciones de todo lo que no se puede medir se imbuyen dentro de los componentes que si se pueden, dotando al cerebro de una serie de atributos que no tiene, porque no es el responsable ni de los procesos mentales ni de los procesos de toma de consciencia, siendo el cerebro algo así como la CPU o el chip de un ordenador, la mente como el software que posee el ordenador y la consciencia como una inteligencia artificial que puede dirigir el conjunto del ordenador. Todo es interdependiente, pero son elementos separados.

Por este motivo, el concepto psicológico del inconsciente colectivo dista mucho del concepto real energético, en el que se basa toda la gestión y manipulación del ser humano a niveles inimaginables para la mayoría de la población.

Imaginaros la "nube de Internet", el entramado de ordenadores, servidores y bancos de datos que tenemos en la red y que hacen de repositorio para millones de terabytes de información que están disponibles en cualquier momento, desde cualquier terminal informático, pero que no están físicamente dentro del disco duro de tu ordenador personal.

La "nube de Internet" es algo parecido, en esta analogía, al inconsciente colectivo, pues todos nosotros, si fuéramos los ordenadores conectados a la red, guardamos y subimos automáticamente, y sin darnos cuenta, todos los datos que poseemos en nuestro cuerpo mental directamente al inconsciente colectivo. Y digo sin darnos cuenta porque lo hace un mecanismo de nuestra mente que recoge toda forma mental que generamos, sea una idea genial o la fantasía más absurda, y, sin juzgarlo o analizarlo de ninguna manera, lo "sube" a través de la esfera mental preconsciente, uno de los niveles de funcionamiento de la mente, hacia un campo de energía que se encuentra recubriendo una gran parte del planeta en su estructura mental o plano mental.

Por lo tanto, cualquier cosa que cualquier ser humano ha pensado, soñado, ideado o creado en algún momento de nuestra historia se encuentra en el inconsciente colectivo, con muchos datos ya perdidos, distorsionados o diluidos en la enorme balsa energética que representa esta base de datos común. Todos, desde el momento de nuestro nacimiento, estamos conectados a la misma, y, aunque a fecha de esta publicación ya hay millones de personas ejecutando procedimientos y protocolos de desconexión, aún falta la mayor parte de la humanidad por desconectarse del todo.

¿Desconectarse del inconsciente colectivo? ¿Qué locura es esa? ¿Por qué querría yo desconectarme del resto de congéneres de mi especie y por qué haría algo así?

Esa es la pregunta que se harían todas las razas del universo si no conocieran la historia de la humanidad y la situación en la que nos encontramos. ¿Por qué? Porque el inconsciente colectivo es fuente de crecimiento, es una herramienta tremendamente valiosa, es el campo cuántico de información que permite a todos los seres que forman parte de una especie en cualquier planeta comunicarse entre sí, dejarse información para que otros la usen o sentar las bases de la realidad que han decidido entre todos para experimentar la vida allá donde se encuentren.

Por lo tanto, ¿por qué nosotros no hacemos lo mismo? Remontémonos de nuevo a la historia de la creación del lhulu.

Cuando los asimoss empezaron a manipular al manu para dotarlo de la inteligencia necesaria para que obedeciera sus órdenes y estuvieran a su servicio, vieron que era mucho trabajo reprogramar cada nuevo modelo de "homo" que era creado, pues tenían que volver a insertar toda la programación en la psique de los nuevos lhulus y volver a darles toda la información y conocimientos necesarios para que pudieran hacer el trabajo que se requería de ellos, que no era más que ser bestias de carga y extraer minerales, inicialmente, para asimoss.

Puesto que los lhulus fueron creados por millones, no era viable este tipo de reprogramación constante, así que tuvieron que encontrar un mecanismo por el cual, haciendo un solo cambio cuando fuera necesario, se pudiera insertar en todos los lhulus a la vez las creencias, informaciones o programas mentales necesarios. Así que se experimentó con varios tipos de tecnología para ello, una, por ejemplo, programando mediante algo así como emisiones de radio a todas las mentes de los lhulus, llegando incluso a usar la Luna, nuestro satélite, como lugar para albergar parte de esa tecnología que permitía la reprogramación masiva en la Tierra. Otra, que fue luego la escogida permanentemente, la manipulación del inconsciente colectivo que los trodoones habían formado y poseían de manera natural, que luego fue traspasado al manu y al que los lhulus, finalmente, estaban todos conectados.

De esta manera, dijeron, si todos los lhulus, lhumanus y modelos sucesivos de homos ya estaban "conectados" a un mecanismo de coordinación mental que se ubicaba energéticamente en el plano mental del planeta, por diseño, porque en todos los planetas es idéntico, entonces aprovecharían eso a su favor.

Pero ¿cómo haces para insertar unas órdenes, creencias o programas y que todos los reciban a la vez? Se tuvieron que ejecutar de nuevo manipulaciones y modificaciones en las esferas mentales de los lhulus para que, primero, lo que estos pensaran o generaran fuera directamente al inconsciente colectivo, algo que se hacía por defecto ya, pero, luego, para evitar que se "bajara" hacia la mente de todos ellos lo que no se quería que se instalara, tuvieron que poner el equivalente a un "firewall informático", un filtro, un "tamizador", que permitiría que todo subiera

173

hacia el inconsciente colectivo, pero solo permitiría que bajara hacia la mente de los lhulus aquello que los asimoss querían que tuviéramos instalado en nuestra psique.

De esta manera, y como veis en el esquema de la página siguiente, todos nosotros desde hace miles de años, sino millones, tenemos en nuestra esfera mental preconsciente un sistema de filtrado de datos que permite que nos entre, en la psique, aquellos programas y sistemas de creencias, ideas y formas mentales que se desea que instalemos en nosotros, y, a partir de aquí, fue solo necesario insertar tecnológicamente en el inconsciente colectivo aquello que iba a ser descargado al lhulu, dotarlo de los códigos necesarios para que filtro lo dejara pasar, y, de esta manera, el lhulu recibía automáticamente la descarga de las órdenes y sistemas de creencias de forma inconsciente, mientras seguía con sus labores de picar piedra o cargar escombros para los Anunnakis.

Pero ¿cómo se hace esto? Parece pura ciencia ficción pues el ser humano se encuentra a eones de comprender el funcionamiento del planeta en el que vive y de cómo se manipulan sus estructuras, y, sin embargo, se puede hacer.

Para manipular las formas mentales del inconsciente colectivo o insertar nuevas, solo necesitas crear energéticamente esas "instrucciones" o ideas que deseas que toda la población posea. Esto se hace de la misma manera que nosotros programaríamos un robot para que diga o haga algo, escribiendo un algoritmo que contiene el material en código que se va a insertar en la placa base y memoria de ese robot.

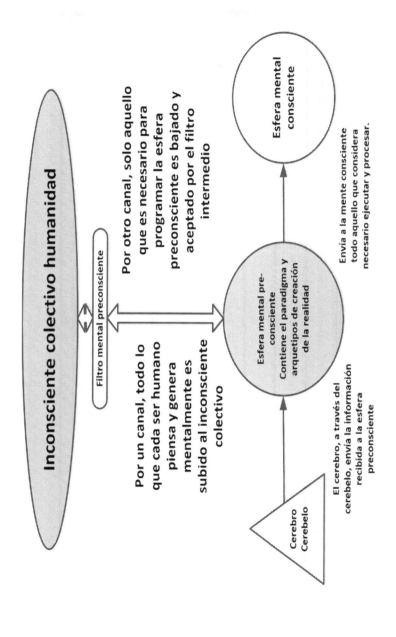

Inconsciente colectivo humanidad

Filtro mental preconsciente

Por un canal, todo lo que cada ser humano piensa y genera mentalmente es subido al inconsciente colectivo

Por otro canal, solo aquello que es necesario para programar la esfera preconsciente es bajado y aceptado por el filtro intermedio

Esfera mental preconsciente
Contiene el paradigma y arquetipos de creación de la realidad

Esfera mental consciente

Envía a la mente consciente todo aquello que considera necesario ejecutar y procesar.

Cerebro
Cerebelo

El cerebro, a través del cerebelo, envía la información recibida a la esfera preconsciente

Sin embargo, en vez de insertar esta serie de programas e instrucciones directamente en la placa base de nuestra mente, en el conjunto de las esferas mentales, se inserta energéticamente en el inconsciente colectivo, con la tecnología disponible para ello que tienen la mayoría de razas que nos crearon. De esta manera, ya tienes insertado en la "nube de Internet" del ser humano un nuevo código, una nueva base de datos, unos nuevos ficheros con contenido, acorde no a lo que los seres humanos hayan generado por ellos mismos, sino a lo que aquellos en control han decidido crear para nosotros y subir "a la nube".

Una vez este contenido se encuentra en el inconsciente colectivo, se dota de los códigos necesarios para que el filtro de la esfera mental preconsciente, que está siempre activo, los encuentre, de manera que, al recorrer y sintonizar constantemente el inconsciente colectivo, podamos percibir que hay nuevo "material" que nos puede ser útil, simplemente porque estamos programados para hacerlo así.

A partir de aquí, los mecanismos de la mente inician la descarga de esos paquetes de datos, que llevan los códigos adecuados para que el filtro los deje pasar, y se instalan y se bajan a la mente preconsciente, creando capa sobre capa el sistema de creencias del ser humano acorde para ser activado cuando sea necesario por otros mecanismos que ya veremos más adelante. De esta manera, simplemente, insertando en el IC global del planeta más en los ICs locales de las diferentes regiones del mismo instrucciones y diferentes tipos de creencias y formas mentales, puedes programar a la humanidad de acuerdo a como se desea que estemos programados. Puesto que, luego, funcionamos casi siempre en piloto automático, sin la consciencia necesaria para darnos cuenta si lo que estoy pensando, creo o dejo de creer, es mío, es producto de mi propia cosecha, crecimiento, comprensión de la realidad, o simplemente está en mi psique insertado por otros y por eso veo el mundo de una manera determinada por culpa de ello, desde la época del lhulu el inconsciente colectivo de nuestra especie se usa como medio de control de la misma, y no como herramienta de crecimiento, de ahí que no sea útil ni sea un mecanismo al cual interese estar conectado de ninguna de las maneras, a no ser que deseemos seguir teniendo una conexión con una nube de Internet desde la cual, desde hace milenios, todo lo que nos descargamos es malware, virus mentales y formas de pensamiento y programas que limitan, controlan y deciden por nosotros que es lo que debemos creer o no creer, como debemos comportarnos y como no, y hacia donde debe ir la humanidad y hacia donde no.

Uff... ¿Me estás diciendo que no tengo entonces ningún control de mi vida y de mi libre albedrío? Solo cuando eres consciente de tu vida tienes control sobre ella, solo cuando estás presente y piensas, *"¿por qué me estoy comportando así? ¿Qué me hace comportarme así? ¿Quiero comportarme así?"* Entonces entra la consciencia, que bloquea la activación de los automatismos de la personalidad y puedes decidir por ti mismo si quieres creer esto o lo otro y comportarte así o de la otra manera.

Esto implica un estado de autobservación constante, ¿por qué tengo este pensamiento respecto a este tema si hace una semana pensaba esto otro? Básicamente porque han cambiado los programas en el IC con el interés de que en una parte del mundo se intente ver una cosa desde un punto de vista diferente a como se veía hasta ahora, ya que el sistema de control está tratando de promover algún tipo de acción que está asociado a esa nueva visión de la realidad.

Otra frase común que más o menos todos nos habremos hecho en algún momento, ¿cómo es posible que haya reaccionado de esta manera si yo no soy así? Simplemente porque tienes ciertos programas en tu psique, que forman ya parte de tu personalidad y de tu programación, que han sido activados remotamente por programas y órdenes que han bajado del inconsciente colectivo o que han sido activados por estímulos externos, sea en relación con otras personas, con los campos energéticos que te rodean o por los medios de comunicación.

¿Cómo es posible que tal país, región, etnia, cultura, clan o tribu haya hecho tal cosa sobre tal otra a lo largo de la historia? Simplemente porque se ha programado a una parte de la humanidad para atacar, luchar, conquistar o eliminar a otra.

¿Cómo es posible que la realidad de unos pocos sea la de abundancia y bienestar y la de millones sea de escasez y pobreza? Porque se ha manipulado hasta niveles insospechados los potenciales, creencias y materia prima de creación de la realidad en aquellos puntos del planeta, para aquellas zonas y para aquellos grupos de personas que han de co-crear el mundo en el que viven de una determinada manera, de forma que estén sometidos a otros, que tienen otra materia prima diferente y más conocimiento sobre el funcionamiento de la realidad.

Entonces, la culpa de que el mundo esté tan mal, ¿la tengo yo? No, nadie individualmente tiene la responsabilidad ni puede cargar con la culpa de que la sociedad humana sea la que es, y, sin embargo, todos tenemos la responsabilidad de que nuestra vida sea como es a nivel individual, siendo, la realidad global, la suma de todas las realidades individuales de todos los seres humanos en el planeta.

Pero, si nos están manipulando, ¿cómo voy a defenderme de ello? Es muy difícil, y por eso este cambio de nivel evolutivo, este paso a la línea temporal 42 y este cambio a la nueva matrix y realidad es una tarea tan ardua.

¿Hay algo que pueda hacer? Hay que empezar por tomar control de nuestras vidas, porque no se puede hacer de ninguna otra manera, lo cual es el paso más difícil que hay que dar. ¿Por qué? Puedo ir a una manifestación a protestar porque no me gusta algo en mi ciudad, y eso me hace sentir bien y me permite seguir con mi vida mientras pienso que estoy contribuyendo al cambio. Puedo votar en unas elecciones para tener la ilusión de que mi voto pondrá en el poder a alguien que arreglará mi país, de nuevo, como veis, esperando que todo venga desde fuera, que todo lo hagan los demás. Puedo dejar de comprar un producto que viene de una empresa que me han dicho que tiene malas prácticas y es "mala" y es estupendo que lo hagamos y tratemos de mejorar algo las cosas.

Pero, lo que es importante es, ¿puedo cambiarme a mí mismo? ¿Puedo empezar a ver que todas esas acciones no cambian nada en el sistema de vida en la Tierra porque la realidad que sigo proyectando es la misma? Si no compro un producto determinado, compro otro, pero ¿dónde está mi consciencia respecto a lo que significa "comprar"? ¿Cómo hago para no caer en las manipulaciones sociales que me incitan a tener este producto o el otro? ¿Cómo hago para cambiar el sistema en el que vivo si no voto en las elecciones? ¿No me doy cuenta de que para cambiar el sistema en el que vivo lo que tengo que cambiar es mi interior, lo que proyecto al mundo, lo que pienso, lo que emito?

Para cambiar la realidad, hay que emitir una realidad nueva, para emitir una realidad nueva, hay que cuestionarse cómo es la realidad actual, ¿por qué es así? ¿A quién beneficia que sea así? y tengo que desprogramar todo aquello de mi mente, cuerpo mental y esfera de consciencia, entre otros elementos, para poder empezar a emitir otro holograma diferente, algo que iremos explicando poco a poco a medida que comprendamos las bases teóricas de aquello que necesitamos para poder desmontarnos a nosotros mismos con seguridad.

Y es que el mecanismo de proyección de la realidad es automático, funciona recogiendo los paquetes de datos de todo lo que llevamos en nuestro cuerpo mental, donde se ubica la memoria, y emitiendo ondas que a través de la parte etérica y mental de la glándula pineal contienen mónadas codificadas con una cierta estructura para que formen el entramado de lo que yo considero que es el mundo real.

Esas ondas no juzgan ni deciden que está bien o que está mal, por lo tanto, solo recogen lo que llevamos a cuestas y lo proyectan sin más, dotándonos del resultado que por las mañanas vemos cada día en nuestro mundo como aquello "que nos pasa", y que nos envuelve. Como, además, la realidad en la que vivimos depende de la proyección de todas las personas que co-existen con nosotros, como vimos en un capítulo anterior, estamos co-creando un mundo de distorsiones e interferencias de unos con otros y con el contenido manipulado y distorsionado del inconsciente colectivo que nos dota de la materia prima para la emisión de esas ondas que forman el holograma tridimensional y sólido que es el mundo tangible a los sentidos del ser humano, mientras que, las razas en control, se paseaban tranquilamente entre bambalinas, más allá de los limites frecuenciales que no captamos por nuestros sentidos, porque ellas mismas se encargaron de recortar nuestra percepción extrasensorial para que no pudiéramos verlos, sin sufrir las limitaciones a esa realidad impuesta y creada por nosotros, en la que hemos perdido por completo el control de lo que nos pasa, y donde necesitamos urgentemente empezar a tomar consciencia de ello para poder seguir avanzando.

12. Los ICS colectivos y regionales, como se entrelazan entre sí los diferentes sistemas mentales que forman parte de los campos psíquicos de la Tierra y de la Humanidad.

Ahora que ya tenemos una visión global de la situación y conocemos la importancia del inconsciente colectivo en su papel manipulador y programador de la mente humana, a través de la inserción de todo tipo de formas mentales y sistemas de creencias, sigamos explicando su funcionamiento cada vez en más detalle.

¿Existe un solo inconsciente colectivo? No, para empezar, existen dos macro inconscientes colectivos. Uno formado por la energía mental de todas las personas que se encuentran en la línea temporal 33, que ha sido el IC que hemos heredado de nuestros ancestros lhumanus, y otro recién creándose que es el inconsciente colectivo de la línea temporal 42, es decir, la mente grupal que se está formando por las emisiones de aquellos conectados a esta línea temporal.

Por lo tanto, a nivel macro-planetario, en el plano mental de la Tierra, hay dos enormes balsas de energía, o mejor dicho, una enorme balsa de energía mental que contiene todos los pensamientos y formas mentales de ese 95% de la humanidad, aproximadamente, y de todos los que nos precedieron en anteriores épocas históricas, y una balsa "pequeñita" que contiene todo lo que ese aproximadamente 5% a fecha de hoy, en Mayo del 2019, de seres humanos, están proyectando hacia el IC42.

¿Todos los que se han movido a la línea temporal 42 están ya conectados a este inconsciente colectivo? Correcto, el proceso de cambio desde la línea temporal 33 del cuerpo mental de una persona ejecuta de manera natural la desconexión del IC global 33 y te conecta al IC 42 global, así que, por ese lado, si has movido tus cuerpos sutiles de línea temporal ya no estás en el IC 33 sino en el IC42. Y eso, para empezar, son buenas noticias.

Por otro lado, aún queda trabajo. ¿Qué significa esto? Que existen otros muchos niveles de inconscientes colectivos que siguen asociados a la línea temporal 33, pues es el único IC que ha regido la realidad de la humanidad desde su creación.

Estos otros niveles de inconscientes colectivos ya los podemos intuir. Todas las personas que forman parte de una misma familia crean un inconsciente colectivo nuclear o familiar, así que ese es el primer campo común de energía al que están conectados y que les afecta, y al que ellos afectan. Luego, existe un segundo IC familiar más extendido, de personas que forman parte de nuestra familia pero no del núcleo de la misma, luego hay un IC de barrio, de ciudad, de localidad, de región, de comunidad, de país, etc. Cada unidad mayor de personas, genera un inconsciente colectivo que se entrelaza y superpone al IC de orden menor, así, nuestra psique está recibiendo y emitiendo constantemente nuestras formas mentales hacia todos los ICs a los que estamos conectados, y recibiendo de esos ICs aquellos datos que nuestros filtros mentales preconscientes dejan pasar.

Por lo tanto, si nos desconectamos del IC global 33, ¿es suficiente? No, no lo es, porque a pesar de que la manipulación mundial de la humanidad se hace a través de este IC, la manipulación regional se hace a través de otros. Es decir, si hemos visto que para incitar a un país contra otro, a una región contra otra, a una ciudad contra otra, se tienen que insertar formas mentales y emocionales diferentes en las mentes y sistemas de creencias de los habitantes de esas regiones o ciudades, esto tiene que hacerse entonces en el IC local o regional al que esas personas estén conectadas.

Así, si yo quiero enfrentar a los habitantes de Villarriba con los habitantes de Villabajo, tengo que colocar ciertas "ideas" en la psique colectiva del IC local de Villarriba y ciertas ideas contrarias en la psique local de Villabajo, y, una vez están insertadas, el proceso automático de "bajada de datos" va poco a poco formando una idea contraria de unos hacia otros trabajando por manipulación y programación de la psique y dotando a la percepción de los habitantes de una parte de un sentimiento en contra de los habitantes de la otra, y viceversa. Es sencillo de hacer, aunque sea difícil de creer o de comprender.

Por lo tanto, no solo nos tenemos que desconectar de los ICs globales, sino de todos los ICs de menor jerarquía si deseamos estar libres de manipulación, y eso es lo que vamos a hacer. Vamos a eliminar, quien lo desee, toda conexión a todo IC al que estemos unidos o sintonizados, excepto el IC familiar más cercano, de manera que nos desconectemos de los ICs de ciudad, región, país, etc., pero no de los ICs que nos unen a nuestros familiares. Si alguien quisiera hacer esto último, por cualquier motivo, solo tiene que añadirlo a la petición y su Yo Superior lo ejecutará.

Antes de poner la petición, entonces, ¿cómo interactúan todos estos ICs entre sí? ¿Están conectados de alguna manera? Lo están, y se traspasan información también entre ellos, como si bases de datos de Internet a diferentes niveles tuvieran protocolos de intercambio de paquetes de información, para mantenerse mínimamente actualizadas con lo que hay en la base de datos de nivel superior a la que están conectadas. Por este mecanismo, los inconscientes colectivos de nuestro barrio están supeditados y acotados al IC de nuestra ciudad, y contienen más o menos parámetros parecidos, de manera que si vives en Ciudad del Cabo, en Moscú o en Rio de Janeiro, aunque pertenezcas a diferentes barrios dentro de esas ciudades, se te pueda "reconocer energéticamente" como "siendo" de ese lugar.

Luego, los IC de las ciudades están conectados y supeditados al IC de la región que los engloba, así que la región tiene unas cualidades "energéticas" que hacen que todos los habitantes de esa región presenten ciertas similitudes, a pesar de que dentro de esa región uno de sus habitantes pueda marcar diferencias con los habitantes de la ciudad de al lado. Y lo mismo a nivel nacional, donde todas las regiones que forman parte de un IC nacional tienen unos parámetros acotados y similares que marcan un cierto "estereotipo" asociado a la gente de un país o de otro.

Así, seguimos "hacia arriba" y hay un IC por ejemplo supranacional, que agrupa a ICs nacionales similares, por ejemplo, todos los países nórdicos comparten parámetros energéticos que hacen que sean parecidos, pero luego hay enormes diferencias entre un sueco, un noruego, un danés, un finlandés o un islandés si les preguntas a ellos, y más aún, si preguntas dentro del mismo país por los habitantes de dos ciudades diferentes, etc. Igualmente, todos los países mediterráneos, o todos los países caribeños, o todos los países de una región determinada comparten ICs supranacionales, que se supeditan a ICs continentales, por ejemplo, el IC asiático, el IC africano, el IC europeo, etc.

Esto hace que estemos muy "taponados" energéticamente, y que no podamos ser "libres", a nivel mental, de ninguna de las maneras, porque si no pueden insertar un cierto tipo de creencia o programa desde un IC global, "bajan" uno o dos niveles y lo hacen desde un IC continental o nacional, y, así, se aseguran que seguimos con la programación intacta pero altamente variable que constantemente se nos proyecta para que vayamos adecuando, sin saberlo, nuestra forma de entender el mundo y crear la realidad individual que luego creará la realidad común y global a la visión que los niveles del 3 al 10 del sistema de control, que ya conocemos, están constantemente diseñando y adaptando para nosotros.

Bien, sigamos. Entonces, ¿cómo se almacenan los datos dentro de un IC local, regional o global?

Lo hacen por capas, y por estratos de profundidad, más o menos igual que la forma en la que nuestra memoria está estructurada dentro de nuestro cuerpo mental, que, aunque no lo hemos estudiado a fondo todavía, funciona añadiendo capas de datos y paquetes de información en orden cronológico, según se van generando y archivando, dando lugar a los conceptos que ya conocemos de memoria a corto plazo, para todo lo que ha sido generado hace menos de 30 días, y la memoria a largo plazo, para el resto.

La forma en la que nuestras emisiones mentales y energéticas "llegan" a almacenarse en el IC pasa por el uso de las conexiones que el cuerpo mental posee con el plano mental, a través de una red enorme de filamentos que son los que vimos en el primer libro de esta serie, cuando explicamos los hilos que tenemos en los diferentes cuerpos sutiles para poder sintonizar con la energía de las estructuras de nuestro planeta. Por lo tanto, mientras que desde la esfera mental preconsciente se va "subiendo" y "bajando" datos al IC global, desde el cuerpo mental se van simplemente emitiendo y van "saliendo" ondas que van a parar sin demasiado filtrado ni distorsión al resto de los ICs con los que estamos sintonizados, por resonancia y por estar "debajo" de su influencia psíquica. Algo así como si en el cielo hubiera una sola nube que estuviera descargando una tormenta y solo se mojan los que están exactamente debajo de la zona donde está la nube, no afectando a personas que se encuentran fuera del radio de acción de la misma.

Si, por el contrario, para programarnos en el cuerpo mental y en las esferas mentales se quisiera usar el IC local o regional en vez del IC global, se inserta ese paquete de datos en el IC correspondiente y se emiten "pulsos" con datos hacia la mente preconsciente para que sintonice estos programas, no del IC global sino de alguno de los otros ICs a los que estamos conectados, por lo tanto, no basta solo con colocar un nuevo sistema de creencias parcial en una región para empezar a cambiar la visión de las personas sobre algún tema en concreto, sino que hay que "avisar" a los programas de la mente de que tienen que ir a "buscar" ese nuevo sistema de creencias allá donde se haya instalado, y esto se hace desde los IC globales, dando las instrucciones a la mente de qué parte de los ICs han sido cambiados y en qué zona geográfica del planeta debe actualizarse la psique de las personas bajo ese IC regional.

De igual manera, en todos los inconscientes colectivos de las diferentes zonas del planeta donde estos se encuentran, y empezando por los inconscientes colectivos familiares, las formas mentales generadas por estos se van solapando y colocando "encima", vibracionalmente hablando, de formas mentales anteriores. Por lo tanto, en la energía mental que forma el IC de tu familia, en su capa más externa, están en estos momentos ubicados los pensamientos, formas mentales y procesos que han sido generados por todos los miembros de la familia en el día de hoy.

A un nivel algo más profundo, pero aún superficial, todo lo que ese IC ha recibido a lo largo de los últimos días, luego lo que fue emitido por todos los miembros de la familia en las últimas semanas, meses, etc. Esto hace que siempre, la energía que "flota" en el ámbito familiar más "latente" y perceptible, sea la energía de los hechos y situaciones vividas más recientemente, ya que las partículas "mentales" y energéticas de todo lo que en esa familia ha ido sucediendo, se van viendo solapadas, que no borradas, por las nuevas circunstancias que continuamente se generan en ella. Así, podemos aún encontrar las formas mentales y emocionales en el IC familiar de un enfado no resuelto por una discusión de hace seis meses, pero no se percibe en el "ambiente" porque están "tapadas" por todas las energías familiares de lo que ha sucedido desde entonces.

Sin embargo, basta que entre en escena algún detonante o catalizador que vuelva a sacar a la luz ese evento, para que, desde los sistemas energéticos de las personas involucradas en él se vuelvan a activar las memorias del mismo, y, de ahí, por resonancia se vuelven a activar en el IC familiar, no importa a que profundidad estén, sacando entonces a la superficie las energías estancadas y escondidas que permanecían latentes desde el momento de su formación.

Por esta razón, con diversas técnicas y herramientas, se puede "leer" y trabajar en el inconsciente colectivo familiar para limpiar y desbloquear todo tipo de conflictos, situaciones, traumas, dramas familiares, emociones estancadas, etc., que hayan podido acumularse a lo largo de los años y las generaciones, pues los ICs, en general, pueden mantenerse a lo largo del tiempo para toda una familia, pues los ancestros van traspasando a las nuevas generaciones la gestión del mismo, estando siempre al menos una generación viva y encarnada para mantener el IC activo.

De esta manera, aunque nuestros bisabuelos ya estén fallecidos, su energía, sus conflictos, sus vivencias, sus pensamientos, todo se encuentra aún en el IC familiar cuyo sostén y "anclaje" pasó a nuestros abuelos, que aportaron su parte con el contenido de sus vidas, luego pasó a estar regido por nuestros padres, y luego por nosotros, aunque como solemos solapar varias generaciones a la vez, lo normal es que todas las personas vivas de una familia que suelen ser al menos tres generaciones, de abuelos a nietos, mantengan el anclaje y la energía de los IC familiares "activa".

Al desconectarnos de estos ICs, pues los IC locales, de ciudad, de región, etc., funcionan exactamente igual pero a nivel más expandido, sumando y añadiendo la energía mental y emocional de todos los habitantes de esa ciudad o zona, nos liberamos del "peso energético" que supone estar conectados sin saberlo a la carga generada por todos los habitantes del lugar donde vivimos o de todos los familiares que nos precedieron generaciones atrás. Habrá para quien esto sea una herramienta o situación positiva y que quiera mantener, habrá quien considera que este peso y esta carga no le aporta nada y se querrá desconectar.

Por lo tanto, finalmente, vamos a proceder a la desconexión de todos estos ICs y la petición para ello es la que tenéis a continuación, varias veces, hasta que tengamos confirmación de que se ha completado la 100%, bien preguntándole a nuestro YS o bien pidiendo que se nos muestre en nuestra realidad física un objeto determinado cuando se haya completado:

> *Solicito que se eliminen de mis esferas mentales, cuerpo mental, esfera de consciencia y del resto de componentes y elementos de mi psique, todas las conexiones a todos los niveles del inconsciente colectivo al que estoy conectado relacionados con la línea temporal 33, excepto al inconsciente colectivo familiar nuclear al que pertenezco. Solicito que se lleve a cabo esta desconexión de manera paulatina y tranquila sin que me cause ninguna alteración mental, ni distorsión en mi percepción de la realidad ni cambios bruscos en mi conexión con la realidad que emito y con los paquetes de datos que proyectan el mundo que percibo como sólido. Solicito que se impida, a partir de este momento, que el filtro de la esfera mental preconsciente reciba paquetes de datos de estos inconscientes colectivos y que se mantenga cerrado, tanto para subir como para bajar las formas mentales que emito o recibo de la psique común del resto de seres humanos. Gracias.*

13. Eliminando el miedo que proporciona el combustible para el funcionamiento de la programación humana

Entender que las cosas son tan diferentes a como creemos que son es todo un ejercicio de valentía y voluntad para muchas personas. Que el mundo de ahí fuera se construye por lo que yo pienso y emito y no porque ya estaba ahí sin que yo hiciera nada, que lo que yo creo y siento viene muchas veces insertado en mi sistema energético sin que yo sea consciente de ello, que lo que creo que estoy decidiendo puede que no sea más que una simple manipulación de mi mente para que haga esto o haga lo otro, etc. Todo un cambio de paradigma para una mayoría de la población humana que jamás se ha planteado algo así, que ella misma se encuentra en el epicentro de su realidad, y que ella misma es el mecanismo a través del cual la realidad, como tal, existe.

Ni nuestras teorías más avanzadas de física o mecánica cuántica se atreven a dar este salto en sus explicaciones, porque implica romper todo el sistema de vida en el planeta respecto a cómo funcionan las cosas. Y nunca saldremos de este valle de oscuridad a nivel del conocimiento necesario para cambiar la realidad y la situación mundial, si es que quisiéramos hacerlo, mientras no aceptemos que solo emitiendo otra realidad, la realidad puede ser cambiada.

En todo caso, y como hemos dicho, no van por ahí los objetivos de la humanidad en estos momentos, porque no hay recursos para invertir en cambiar y asistir a toda la población a modificar sus proyecciones holocuánticas, ya que el sistema de gestión de la humanidad tiene todos los resortes y mecanismos para impedir que la mayoría pueda hacerlo, y, por lo tanto, como hemos explicado, la única salida es irnos hacia un nivel evolutivo superior donde iniciamos desde cero este aprendizaje y proceso de nuevo, y donde nos encontraremos con una realidad base ya creada por la consciencia del planeta, y, a partir de ella, tendremos que aprender a crear la realidad que la nueva humanidad deseemos manifestar, entre todos, como el nuevo escenario en el que vamos a pasar los próximos miles de años antes de que se active de nuevo el "tic" cósmico del reloj que nos marcará el momento de hacer este mismo proceso de nuevo, hacia un nivel evolutivo superior al que ahora nos estamos preparando para saltar.

Cuando uno lee y vuelve a leer estas líneas anteriores puede tener la sensación de que es todo muy abstracto. Frases como "la humanidad ha de crear su propia realidad" suenan muy elocuentes, pero muy distantes, y al sonar distantes porque ahora mismo no tenemos ni idea de cómo se hace eso y de que realmente estamos haciendo eso, parecen realmente, y solo, conceptos abstractos de algo que dentro de un rato habré medio olvidado cuando ponga la televisión para ver las noticias del día y deje este libro en la mesita hasta tener otro rato para seguir leyendo.

Y cuando ponga las noticias, ¿qué pasará en mi psique? Cuándo vuelva a dejar de pensar en lo que estoy leyendo y pierda la consciencia de cómo funciona el mundo de ahí fuera por las, esperamos, ráfagas de comprensión que se hayan podido suceder al leer estas líneas anteriores, ¿qué pasará en mi mente? Simplemente que volveremos al modo de funcionamiento en piloto automático de gestión de la realidad y muchos de los contenidos anteriores ya estarán activamente siendo borrados por los programas de salvaguarda de la programación estándar que tenemos instalados de serie.

Por lo tanto, que difícil se está poniendo este proceso y cuanta energía hay que poner en dar cada paso para conseguir una micro victoria que me acerque un milímetro más a mi objetivo de cambiar de realidad.

Y es correcto. ¿Cuánto esfuerzo hay que hacer para dar un paso con un saco de cien kilos en los hombros? ¿Mucho? ¿Poco? ¿Eres una persona que puede cargar 100 kilos y avanzar? Es relativo. ¿Cuánto cuesta darse cuenta de todo esto, tomar consciencia y empezar a ejecutar cambios en nuestra vida? Lo que cueste activar la voluntad para hacerlo. ¿Cuál es el factor que se opone a que yo haga cambios en mi vida? La falta de voluntad debido a la programación en la psique del programa ego.

Es decir, una persona solo avanza evolutivamente si el poder de su voluntad es mayor que el poder de su programación mental, algo que vimos en el libro anterior cuando explicamos cómo se expande la esfera de consciencia, pues la voluntad de seguir creciendo genera la energía para ello, expande la mente, expande la consciencia y esta a su vez retroalimenta a la voluntad. Pero la voluntad siempre encuentra la resistencia del ego, pues se insertó y programó para hacer este trabajo y que el lhumanu no pudiera volver a ser controlado por su Yo Superior y su alma y solo acatara las órdenes y directrices de los asimoss y del resto de razas que nos crearon. Puesto que al final es una lucha de dos energías o dos procesos: el proceso de la voluntad del alma por dirigir la existencia de su avatar contra el proceso de resistencia del avatar por dirigirse a sí mismo a través de los mecanismos automáticos programados en su interior, la única solución a este conflicto es alimentar a la parte que se desee que prevalezca, la cual, asumimos, es la parte consciente del alma para todos nosotros.

Entonces, ¿cómo se minimiza la resistencia del ego para activar la voluntad del alma? Eliminando el miedo.

Madre mía. ¿Eliminar el miedo? ¿Por qué? Porque el miedo es el combustible del ego y de la programación que tenemos en las esferas mentales. Y esto no es demasiado difícil de explicar.

Cuando asimoss y amoss hicieron cambios en las estructuras mentales y físicas de manus para convertirlos en lhulus y luego en lhumanus, se dieron cuenta de que era necesario algún tipo de energía que mantuviera todos esos cambios "en pie", funcionales, activos, de manera que no hubiera posibilidad de que el alma del trodoon convertido en manu, luego encarnando en un lhulu, y luego encarnando en un lhumanu, pero al fin y al cabo siendo la misma alma con el mismo Yo Superior de apoyo, pudiera tomar las riendas del avatar *pre-homo sapiens* que se había creado, y, por lo tanto, tuvieron que buscar la manera de dejar permanentemente activos todos los mecanismos de la psique que la hacían funcionar como ellos querían y bajo sus órdenes.

Así que a la programación, al ego, a las esferas mentales, a la esfera de consciencia, etc., se la conectó a una fuente de alimentación que jamás se terminaba, que siempre estaba activa, que era infinita en todos los aspectos: la energía del miedo.

Y ¿qué es el miedo? Vayamos de nuevo a la explicación de cómo funcionan las mónadas. Toda energía es un campo de trillones de mónadas formando un cierto tipo de entramado que da lugar a un fluido que se puede usar, por ejemplo, para crear formas emocionales, mentales, etéricas, etc. La energía del miedo es una combinación de un cierto tipo y con unas ciertas características y orientación angular, de los vectores que forman las mónadas.

Así, el miedo nace como una combinación de mónadas de carga negativa potenciado por el giro de sus vectores a una determinada velocidad y con una cierta intensidad, de manera que partículas cuyo polo negativo supedita al polo positivo y al neutro, y cuya carga energética supedita al aspecto consciencia y materia, provocan una reacción que se llama miedo, o una carga que se llama miedo. Por lo tanto, es una de las muchas combinaciones que existen para las mónadas de la Creación y la que es usada particularmente en este universo como fuerza motriz de la polaridad negativa, no así en otros universos, donde otras energías y combinaciones de mónadas forman otro tipo de fuerzas que son el equivalente a las energías de amor y miedo en sus estados más puros.

Sabiendo esto, podríamos pensar, cuando tengo miedo de algo, los programas que me generan este miedo, ¿alteran las mónadas para ponerlas con esa orientación determinada generando esa energía con esas características?

No, digamos que la energía de miedo ya está imbuida y presente por naturaleza en la misma estructura del cosmos, así que en el mismo "éter" o en el equivalente a Muan para cada plano, ya hay partículas de miedo formando parte del entramado del universo, así como hay partículas puras de luz o amor, que es otra combinación de las mónadas donde el aspecto consciencia con el aspecto energía forman una combinación más potente, al ser dos polos o cualidades unidas, mientras que el miedo es la anulación de dos de ellas para que prevalezca solo una combinación concreta del aspecto energía.

Como hay miedo entrelazado con partículas de luz-amor en todas las estructuras del planeta, pero el miedo tiene una densidad mayor y menor consciencia, hay más partículas de miedo en el entramado más denso de la estructura del universo y hay más partículas de "luz" en los entramados más elevados y energéticos, por lo tanto, en los planos superiores, las partículas de miedo no "llegan" tanto, no "suben" tanto, no "flotan" tan alto, aunque hay miedo de mayor vibración que el miedo más denso que llegamos a experimentar, pero, raramente, por encima del plano causal existen mónadas y energías de miedo, por eso las razas en control no pueden subir tan alto en sus conquistas planetarias y permiten al resto de la vida no física existir sin ser molestados en las estructuras más elevadas de cada planeta.

Entonces, para que no nos afecte el miedo, o para ser incompatible con las partículas de miedo y que no alteren mi sistema, ¿cómo lo haríamos?

Las mónadas que forman las partículas de miedo actúan por resonancia, por lo tanto, solo se ven atraídas a formar parte de estructuras mayores donde existen otras partículas de miedo ya imbuidas. Nuestro ADN posee partículas de miedo, y, por lo tanto, nuestro cuerpo emocional y mental, así como el resto, son depositarios de energías de miedo en todas sus variantes, pues la ira o el enfado es miedo codificado de otra manera, ya no a nivel de mónada, sino partículas de miedo que, juntas entre sí, forman una partícula mayor que entonces cambia y orienta sus ejes de manera que forman otro tipo de entidad energética superior que, para nosotros son las emociones negativas derivadas de la carga energética de miedo "base".

Para que no puedan actuar sobre nosotros, hay que erradicar parte o todas las partículas de miedo que hay en nuestra estructura, pues al haber decidido que el miedo sería la energía que nutriría constantemente a la programación del ser humano y a sus componentes manipulativos, manteniendo a la humanidad en constante miedo a algo, siempre habría un suministro permanente de este campo energético en nosotros que aseguraría la imposible desconexión de los sistemas de gestión automática de la psique del lhumanu.

Por lo tanto, para fomentar la voluntad que necesitamos para poder enfrentarnos a los programas automáticos de la psique hay que eliminar el miedo, porque el miedo alimenta al ego, que es el programa que gestiona todos los automatismos de la mente. Cuando el ego, que no vamos a poder desinstalar, pero sí que podemos reducir en potencial, se ve privado de toda o parte de su energía de funcionamiento, reduce sus "prestaciones", al reducir sus prestaciones permite que el alma tome más fácilmente el control de todos los mecanismos de gestión del avatar a través del sistema de conexión con la mente y los cuerpos sutiles que ya vimos en el primer libro, y es, entonces, cuando realmente, la parte consciente de aquello que somos puede ponerse al mando del cuerpo que conducimos y dejar de funcionar en piloto automático.

Así, para reducir el miedo, hemos de trabajar de nuevo con nuestro Yo Superior, miles de veces, con la siguiente petición, porque mónadas con carga y configuración de miedo a algo tenemos por trillones, ya que es la energía base de funcionamiento de nuestra estructura, y eso hace que erradicarla por completo no sea cosa de un día o una semana, sino, posiblemente de meses o más tiempo de trabajo. La petición para ello es la siguiente:

Solicito que se elimine por parte de mi Yo Superior todas las partículas cuya carga energética tiene como base la energía del miedo, de todos mis componentes, elementos, y estructuras físicas y energéticas, en todos los niveles de mi realidad, en todas las versiones de mi existencia. Solicito que se transmuten todos los conglomerados y acumulaciones de energías con sustrato de miedo presentes en mí en el sustrato cuántico de la Creación, liberando a mi sistema energético de la carga que representan y agradeciendo los aprendizajes que haya podido recibir a través de las vivencias que llevaron a ese miedo a acumularse en mí. Gracias.

Así, una vez vayamos reduciendo el poder del miedo y aminoremos la carga negativa en nuestro sistema energético, podremos incrementar nuestra frecuencia de vibración, conseguir que los programas automáticos tengan menos potencial y empezar a sintonizarnos con niveles superiores de la línea temporal en la que nos encontremos. Una vez vayamos subiendo de nivel dentro de la línea temporal, podremos sintonizar cada vez con material "base" más positivo para la creación de la realidad que nosotros mismos co-creamos y proyectamos automáticamente, y de la que somos y seremos responsables en este nivel evolutivo y en el siguiente, y entonces empezará a tomar sentido el concepto de que *"la humanidad de la nueva Tierra tiene que ser responsable de crear la realidad en la que desea experimentar las lecciones del nuevo nivel de consciencia al que estamos yendo"*.

Este es otro gran tema a explicar, ¿de qué manera seremos responsables de algo que ahora es un proceso automático? ¿Por qué tenemos que ser responsables de ello? ¿No podemos dejarlo en modo "auto pilotaje" para no tener que estar decidiendo en todo momento cómo quiero que sea el mundo en el que voy a vivir?

Estas preguntas pertenecen a los razonamientos de la psique que no comprende cómo tiene que hacerse cargo de un proceso que ahora mismo funciona a la perfección por sí solo, de manera autónoma, ya que nuestra personalidad y mente consciente no conciben como vamos a estar pendientes de manifestar una realidad u otra, con los infinitos parámetros y variaciones que eso conlleva. Y es correcto, seguirá siendo un proceso subconsciente, pero solo a medias, es decir, tendremos que saber qué es lo que estamos proyectando y luego dejar que se proyecte "solo", pero la parte del "diseño" la tendremos que hacer, como la hacen todas las razas, seres, grupos y especies conscientes que no se encuentran en la situación de manipulación en la que estamos nosotros, en todos y cada uno de sus planetas y bases evolutivas.

¿Quiere esto decir que todos los habitantes del planeta "YY" se levantan por la mañana y se ponen a co-crear el mundo en el que quieren vivir, luego se van al equivalente a su trabajo y por la noche vuelven a meditar para emitir el mundo que tendrán el día siguiente?

No, pero casi. Todos los habitantes de toda especie o raza tienen acceso consciente a su inconsciente colectivo, es decir, son conscientes de su uso, mecanismos, y formas de usarlo. Son conscientes de que aquello que emiten es aquello que sube al IC al que estén conectados y que luego esas formas mentales forman la realidad al condensarse en escenarios concretos, que dan lugar a las estructuras etéricas que los han de manifestar para luego "juntar" las partículas "físicas" que los han de materializar en el plano sólido o equivalente al plano físico de nuestro planeta.

Nosotros tendremos que hacer algo así. Empezando por la desprogramación total de una gran parte de los procesos de nuestra psique que iremos explicando en los próximos volúmenes de esta serie de libros, hemos de "pasar de curso" con los mecanismos de proyección de la realidad lo más "limpios" posibles, desconectados de todos los ICs y sin posibilidad de que se nos instalen más programas, virus o malware mental. Una vez nuestros sistemas de proyección de la realidad están limpios y no hay "basura mental" entrando por la mente desde los ICs del planeta, nos habremos de acostumbrar a la idea de que debo decidir cómo deseo que sea mi realidad, partiendo de una estructura base que está ya creada por la consciencia del planeta, para poder sostener la vida de la flora y fauna, y del resto de elementales, fuerzas de la naturaleza y seres no físicos que usarán también la nueva Tierra como su futura base evolutiva.

Basado en esta realidad base que estará codificada en nuestro IC42 en unos años, pues se creará aún estando en la

"Tierra 7,8Hz" actual, pero se insertará en el IC42, todos los seres humanos que se vayan acercando al nivel 21 de la línea temporal 42 se irán sintonizando con este nuevo "set" de reglas evolutivas, que podrá ser accedido automáticamente desde su mente con ayuda de su Yo Superior, un proceso que será automático. Por lo tanto, tras una limpieza de los mecanismos y programas de manipulación actuales, tendremos un nuevo conjunto de reglas ya definidas por Kumar con lo básico de las estructuras espacio-temporales de la nueva realidad, las reglas de cómo funcionan las leyes energéticas de la misma, las normas y leyes que rigen el intercambio y convivencia de todos los seres que usaremos la nueva Tierra como base, etc.

Y esto estará imbuido en nosotros, lo "sabremos" porque nos conectaremos al nivel del IC42 que contendrá este contenido y será parte de las nociones instintivas y subconscientes que, a partir de entonces, regirán nuestra realidad. Luego, sin embargo, quedará la puesta en marcha de toda la estructura social de la nueva humanidad, que tendrá que ser creada conscientemente entre aquellos que transicionen, especialmente los que lo hagan en las primeras oleadas de paso, que serán los que alcancen más rápidamente en los próximos años el nivel 21 de la línea temporal 42 y suban su vibración hasta llegar a los 15,6Hz mínimo a nivel físico, es decir, en la vibración de sus átomos y moléculas.

Una vez esta "sociedad base" se haya establecido por aquellos que empiecen a pasar en los primeros estadios del cambio evolutivo, acorde a las reglas impuestas por Kumar para ello, se creará ya en el IC colectivo de la nueva humanidad los parámetros base de lo que todo el mundo proyectará por defecto y automáticamente, usando el mismo mecanismo que usamos ahora, previa decisión del contenido de aquello que se desea proyectar, sin manipulación, sin influencias de razas externas, sin sistemas de control que marquen la pauta de cómo tiene que ser la vida en la "nueva Tierra".

Con esto, a partir de aquí, todos los nuevos seres humanos que vayan en las sucesivas oleadas de cambio traspasando a la nT se adecuarán a la estructura de la nueva realidad, siempre bajo las reglas base de Kumar. Manteniendo la consciencia y el conocimiento de que es este el mecanismo de manifestación de lo que veremos como "nuestro día a día", se podrán ir haciendo ajustes en la psique colectiva para ir modificando y proyectando los "futuros" que, a partir de entonces, vayamos a desear para el bien mayor de todos nosotros y acorde a las nuevas lecciones que habremos de vivir y experimentar.

Aquellos que, ahora, tras leer estos últimos párrafos, ya estén completamente seguros de que esto es algo imposible, utópico o ficticio, están, como estamos todos nosotros, en el proceso de desprogramar este sistema de creencias actual que nos dificulta entender que este es el mecanismo natural de toda especie o raza que decide como desea que sea el mundo en el que existe.

Nos falta mucho trabajo de sanación y auto desprogramación para llegar a tener este mecanismo limpio y esta programación fuera de la mente, pero estos primeros compases de información nos van a ir introduciendo, esperemos, estos conceptos que serán más y más complejos y complicados a medida que podamos eliminar los filtros y bloqueos mentales que nos impiden comprender mejor estos procesos y estos mecanismos que, sin género de duda, llegaremos a dominar en su momento.

14. La manipulación de las ideologías y religiones como base de la manipulación de la personalidad humana

Dentro de los mecanismos que hemos de desprogramar de manera prioritaria se encuentran todos los sistemas de creencias asociados a las religiones, que son, y han sido siempre, el principal obstáculo y método mediante el cual se mantenía al ser humano buscando respuestas y soluciones a todo "ahí fuera", en fuerzas y poderes externos, y que poseían todo el control sobre su destino y camino evolutivo.

El diseño de las religiones, por lo tanto, es muy antiguo, mucho más de lo que las historias oficiales de cada sistema religioso en el planeta nos ha dado a entender, pues todo nace con la creación del lhumanu y la inserción en su mente de las primeras nociones "religiosas" adaptadas al medio donde vivía en aquellos primeros compases de la historia de la humanidad.

La religión es una manera o método de crear un sentimiento de sometimiento a un ser, deidad, fuerza o sistema superior a uno mismo. Trata de dotar de una seguridad a la mente humana y a su programa ego de que existe "algo" mayor que él mismo que rige lo que le sucede o deja de suceder, con lo que, ya hemos visto, se pierde todo el control sobre la realidad de la propia persona y se admite, a nivel subconsciente, que no tenemos ningún poder para gestionarla o decidir lo que nos sucede o dejar de suceder.

Por lo tanto, los sistemas religiosos nacen como ideas arquetípicas insertadas en el inconsciente colectivo del lhumanu hace más de 30 millones de años a través de las cuales se ponen en marcha los primeros miedos a fuerzas de la naturaleza, que no tienen ningún rol de "dioses", pero fueron usadas como tales por asimoss y amoss ya que era lo más fácil en aquel momento. Así, las fuerzas como el viento, o el sol, o la madre naturaleza, fueron sacadas de sus papeles naturales y representadas como fuerzas poderosas que regían el destino de los primeros humanos del planeta.

Al empezar a temer a estas fuerzas de la naturaleza, que eran completamente ajenas a su mal uso por parte de asimoss para crear ya un sistema de control y miedo en los lhumanus, consiguieron un primer núcleo de "adoración", por parte de estos, a iconos y símbolos que representaban a nuestra estrella, a los elementos de la naturaleza, a situaciones y poderes que se percibían como capaces de destruir al lhumanu si no se aceptaban sus órdenes o se les adoraba, etc. Algo muy simple en sus inicios, pues solo se buscaba crear un sistema donde los lhumanus tuvieran miedo de algo externo que fuera percibido como muy poderoso y superior a ellos y así empezaran, o nunca buscaran, mejor dicho, ningún tipo de conexión "interior" con esas propias fuerzas planetarias, con su Yo Superior, con la Creación, etc.

Esa fue la primera "religión" insertada en la psique común, que, para que tuviera su arraigo en las esferas mentales, tuvo que ser complementada con un programa que vamos a llamar el "arquetipo religioso".

El arquetipo religioso, que solo es un programa, nada más y nada menos, se insertó en la mente para poder ejecutar la conexión con el inconsciente colectivo y poder "bajar" e insertar en la psique del lhumanu las ideas sobre religión y poderes sobrenaturales que se querían implementar en la humanidad. Este programa, por lo tanto, que está ubicado a muchos niveles de profundidad de la psique y protegido por varios "topes" y otras rutinas mentales, tiene como única función gestionar todo el sistema de creencias del ser humano sobre aquello que es percibido como externo, superior al mismo y del que depende su existencia.

El arquetipo religioso, por lo tanto, sigue estando vigente en todos nosotros, pues desde hace millones de años no ha variado su función. Fue pasando desde los diferentes modelos de homos hasta el homo sapiens y en este último ya se fijó su posición en la esfera mental preconsciente y subconsciente y trabajando a través del filtro que hemos visto antes con el inconsciente colectivo y los sistemas religiosos codificados en el mismo para los diferentes lugares del planeta.

Con el paso del tiempo, los lhumanus fueron siendo dotados de mayor inteligencia y en cada nueva manipulación genética se les tenía que renovar su programación, de manera que los sistemas religiosos fueron también siendo actualizados. Con la introducción y el desarrollo del sistema de control en círculos de poder como hemos visto, se creó lo que llegaría a ser la "casta sacerdotal", es decir, la figura del sacerdote o intermediario entre los poderes y deidades y la masa de la humanidad. Esta clase sacerdotal empezó a crear su propio modelo de gestión de la humanidad interviniendo a su favor para acumular más poder y más control sobre el resto, con el beneplácito de amoss y asimoss, de manera que fueron subiendo en control sobre todos los demás humanos y adquiriendo cada vez más jerarquía dentro de las "escalas" y "castas" que se iban creando entre los lhumanus, a nivel de los clanes, tribus y grupos que iban creciendo por doquier en aquellos inicios de nuestra especie.

Cuando los sacerdotes tuvieron todo el poder que necesitaban, los propios asimoss hicieron cambios en el inconsciente colectivo para empezar a programar la mente de los lhumanus de manera que siempre estuvieran estos sacerdotes como intermediaros entre la masa de la humanidad y los "dioses", papeles que empezaron a ser representados principalmente por los propios asimoss, y que tuvo su auge en la época atlante, pues en Lemuria aún el sistema sacerdotal, aunque ya existía, no tenía tanto poder y estaba en proceso de arraigo.

Pero ya aquellos lhumanus que bajo control asimoss vivían en la época de lo que conocemos como la Atlántida, empezaron a ver y vivieron en una sociedad en la que las "élites" tenían de todo: poder, conocimiento, tecnología, riquezas, control, lujo, etc., mientras que la "masa" del pueblo aún eran homínidos con pocos recursos, conocimientos y capacidades. La versión distorsionada de la Atlántida como una época dorada de la humanidad es solo la versión de la élite atlante que eran los descendientes de los clanes lhumanus puestos en poder en los primeros momentos de nuestra creación, y luego evolucionados y avanzados a niveles muy superiores a los del lhumanu "normal", que seguía aprendiendo a encender fuego en muchas partes del planeta, y que seguía recolectando piedra y mineral en las minas de oro para los asimoss.

Una vez el continente atlante sufrió la debacle que más o menos conocemos por leyendas y algunas historias de nuestras culturas más antiguas, todo el entramado sacerdotal pasó a las culturas sumerias, acadias, babilónicas y las que se desarrollaron en aquella época, siendo la egipcia una de ellas también. Aquí, estando ya los Anunnakis en poder, cada asimoss que tenía algún tipo de responsabilidad y dominio sobre algún área de vida de los Ihumanus tomó el papel de un "dios", con su nombre, atributos y características asociadas al área de trabajo. Se crearon entonces funciones sacerdotales específicas para servir a esos asimoss ahora bajo la careta de los diferentes dioses de las diferentes mitologías del planeta, pues estaban repartidos por toda la geografía del globo, y empezaron también las disputas "religiosas" entre grupos de humanos que, ya entonces, empezaron a ver que el dios tal era más benevolente o malvado que el dios cual, pues literalmente, aún en esas épocas, los dioses se paseaban entre los Ihumanus, ya que no se había llegado al nivel de conocimiento por estos que generase la necesidad de esconderse fuera del alcance de los mismos.

Por lo tanto, todos los dioses de la cultura sumeria y cercanas que también pasaron con otros nombres a la cultura egipcia, a la griega, a la romana, y al resto del culturas del planeta, corresponden prácticamente a los mismos asimoss y amoss en el poder, que, teniendo existencias que son prácticamente eternas a la percepción de un humano, mantenían el control sobre la población cambiando y ajustando sus "trajes de dioses" a la época histórica en la que la humanidad iba desarrollándose.

Entonces, si en sumeria aún los Anunnakis se movían tranquilamente por las calles a la vista de los humanos, y en el antiguo Egipto también hacían lo mismo, ¿por qué ahora no los vemos? ¿Por qué se escondieron?

Los asimoss y los amoss no tienen una vibración tan sólida como la nuestra, se pueden mover con total tranquilidad en el plano físico, pero en una vibración mucho más alta y elevada que aquella que nuestros sentidos pueden captar. Este estado natural evolutivo que está muchos millones de años por delante del estado actual de ser humano, les lleva a tener que hacer un cierto "esfuerzo" energético para mantenerse vibrando dentro del entramado frecuencial que representa el plano sólido y tangible a los sentidos del ser humano. Puesto que el sistema de control ya lo tenían muy bien estructurado en la época atlante y luego refinado y asentado en la civilización sumeria y egipcia, decidieron pasar a la "clandestinidad" por su propia conveniencia, ya que era más fácil mantenerse en su estado frecuencial natural fuera del alcance de la visión del ser humano que seguir esforzándose por mantenerse visibles, dejando que los humanos en poder hicieran el resto.

Así, al "desaparecer" de la vista de la masa de la población, también consiguieron que estos adoraran más aún a los dioses que tenían el poder de hacer cosas increíbles pero que ya no podían verse, estaban "en los cielos", estaban fuera de su alcance, eran algo "externo" y, por lo tanto, tenían que cumplir sus órdenes que eran dictadas a través de la clase sacerdotal que tomó el rol de "representante" del dios A o del dios B en la Tierra, y que seguían sujetas a los designios de asimoss y amoss.

En paralelo, mientras todo esto sucedía, se seguía reprogramando el inconsciente colectivo de la humanidad para que las creencias que se seguían instalando en la mente de todos ellos mantuviera al arquetipo religioso en control de los sistemas de adoración y sumisión a estos poderes externos, con lo que se desconectaba más y más, si no lo estaba ya del todo, al ser humano de la idea de que todo acceso a la Fuente, a la Creación, se encuentra en su interior, a través de su Yo Superior, y a través del potencial enorme que existe en el interior de cada uno de nosotros.

Muy bien. Esto respecto a las "religiones ancestrales", que para nosotros son mitos, leyendas y nos hace gracia que hace unos cuantos miles de años los humanos creyeran en tales cosas. Pero ¿ha cambiado algo? ¿Qué hay de las religiones "actuales" que existen en el planeta?

No ha cambiado nada, es exactamente lo mismo. Con el paso de la cultura y sistema religioso sumerio al egipcio, al griego y al romano, así como los sistemas religiosos y culturales que existían en el valle del Indo y en las culturas americanas, asiáticas y africanas, los asimoss fueron implementando cada vez sistemas religiosos más complejos que satisficieran la necesidad de los seres humanos de cada época de creer en algo externo que les asistía, apoyaba, hacia ganar o perder batallas, les otorgaba el pase al cielo tras la muerte o los mandaba al infierno si no cumplían los preceptos de la religión que procesaran.

Y es que tanto el cristianismo, el islamismo, el judaísmo, el budismo, hinduismo y el resto de grandes religiones del planeta tienen la misma base y han evolucionado desde sistemas parecidos. Cuando, por decisión de los grandes logos se decidió mandar algunas encarnaciones a nuestro planeta para intentar reconducir un poco la situación, aquellos personajes históricos que tuvieron un papel destacado en lo que ahora son las religiones como el cristianismo o el budismo fueron usados y su rol y función distorsionada para crear un nuevo sistema de creencias en torno a algo que no era para lo que vinieron ni tuvieron nunca intención de crear. Tanto la figura histórica de Jesús, como de Gautama, como de muchos otros personajes que intentaron dar un empujón "en otra dirección" a la octava de la humanidad, no fueron "enviados" por ningún "dios" cósmico para crear un nuevo sistema de creencias sino que fueron enviados por petición del propio planeta, de Kumar, y de nuestro logos "regional" Umar, para insertar choques de consciencia en la humanidad de ese momento.

Tanto asimoss como amoss, no pudiendo luchar directamente contra fuerzas que venían representando al propio Kumar y al propio Umar, y a combinación de ambos, simplemente decidieron usar los egregores, formas mentales y sistemas de "vida" que habían intentado traer estos grandes "avatares" de la humanidad, para su beneficio. A partir de aquí, se pone en marcha la máquina del sistema de control y se crea una base arquetípica común para tres religiones monoteístas diseñadas para controlar a la mayor parte del mundo: el judaísmo, el catolicismo y el islamismo.

Se las dota de diferencias ligeramente notables para que puedan ser insertadas en diferentes partes del planeta, de manera que cada región pueda tener una versión algo diferente del sistema de creencias. Se ponen las bases para que las tres religiones aparezcan enfrentadas entre ellas, se les da todo el poder posible a las clases sacerdotales de las tres religiones, y, a partir de aquí, se pone en marcha el enfrentamiento entre humanos que profesen una creencia u otra para que se pueda seguir generando la energía necesaria para mantener vivo el sistema de control sin que asimoss y amoss tengan que hacer nada más que seguir actualizando el arquetipo religioso acorde a la zona del planeta donde se encuentra cada religión principal, y actualizar el inconsciente colectivo global y regional para que las personas, por confusión entre "fe" y espiritualidad, sigan bajo el control de alguno de los sistemas principales, sin importar cuál de ellos sea.

Y es que esto último es también muy importante. A los niveles 1 y 2 no les importaba de ningún modo a que dios rezara una persona, mientras siguiera dirigiendo sus plegarias, energías y deseos hacia "fuera", hacia algo percibido como superior a él o ella en todo momento. Eran las luchas de poder en los niveles inferiores del sistema de control lo que hacía que los sacerdotes y curas y miembros de las élites quisieran ganarse adeptos para su causa, pues eso les daba más poder dentro del círculo de control en el que se encontraban respecto al miembro que regía la religión "de al lado".

Con el lado oriental del planeta se hizo algo parecido, pero fue mucho más fácil. Todas las "religiones orientales" eran inicialmente filosofías de vida, por lo tanto, el budismo, el taoísmo, el hinduismo, etc., no nacieron como religión, sino como formas de ver el mundo y la vida, pero, aprovechando esto, fueron tergiversándose para que poco a poco aparecieran las deidades necesarias que tomaran el mismo rol y el mismo papel que existían en las religiones "occidentales". Para ello, se cambió el arquetipo religioso en esa zona del planeta, para que en los inconscientes regionales de los países actualmente hinduistas, budistas, etc., estuviera integrado el concepto de "fuerza externa superior" que hiciera el equivalente a someter al ser humano a la creencia de que tenía que hacer las plegarias, ofrendas y rituales hacia esos "dioses" que ahora tomaban por asalto y le daban completamente la vuelta a una gran parte de las enseñanzas que personajes como el Buda histórico vino a presentar a la humanidad.

Así, como veis, el sistema religioso es un sistema programado en la psique humana para promover la idea de que estamos regidos por un poder mayor que el nuestro, que todo viene de fuera, que nuestro destino, el individual y el común dependen de algo que no controlamos, que es caprichoso, que puede hacer que deje de llover si rezas muy fuerte o que te puede hacer ganar una batalla si le haces un ritual adecuado.

Nada de eso es correcto. Puedes pedir que llueva o deje de llover con una simple petición conectando a través de tu Yo Superior con las fuerzas de la naturaleza, que entonces pueden pedir permiso a Kumar si es algo necesario para el bien mayor de la vida consciente en ese punto del planeta donde se está solicitando esa ayuda, y se mira si es oportuno que se otorgue o no.

Por lo tanto, puedes invocar a tu dios o pedir que tu dios te ayude a ganar una guerra, pero el otro bando le pide "al suyo" que haga lo mismo, y los destinatarios de las peticiones han sido siempre los mismos asimoss que regían a ambos bandos, y que entonces miraban como les convenía más que se desarrollara la batalla o el conflicto y hacían que ganara el bando que, o más energía les podía otorgar con su victoria o derrota, o más les interesaba que tuviera el poder y el control sobre el otro bando.

Al final, todo ha estado siempre manipulado, todo ha estado siempre regido entre bambalinas y lo sigue estando. Ahora mismo aquellos que mandan en el planeta son los herederos de aquellas castas y clanes y tribus que accedieron al poder en la época de Moisés y ya no lo han abandonado. Controlan todas las religiones del planeta a nivel de creencias, controlan todas las instituciones y estructuras de todos los sistemas religiosos, controlan toda la energía que se emite en todas las plegarias y en todos los rezos que directamente va a parar a sus acumuladores energéticos por una red de distribución etérica que, desde cualquier iglesia, sinagoga, pagoda o lugar de culto están siendo emitidas por los miles de fieles que a esos lugares acuden.

Luego, dejan que los niveles inferiores del mismo sistema de control, desde el sexto al décimo círculo de poder, se sigan peleando entre sí para obtener más control sobre la población de una parte u otra del globo, habiendo permitido sin mayores problemas las masacres de una parte de la población que creía en un sistema religioso por otra parte que creía en otro, ya que no era de su incumbencia que pasaba "a pie de calle" con ellos, mientras la gente siguiera estando sometida a alguna religión u otra.

Finalmente, y actualmente, debido a que estos sistemas mayoritarios religiosos han ido perdiendo apoyos y adeptos a lo largo de las últimas décadas y debido a este pequeño "despertar" humano que se ha ido y se sigue produciendo, se han tenido que introducir nuevos sistemas de creencias bajo el título genérico de la "Nueva Era", que entonces ha ido cogiendo todo tipo de ideas correctas sobre cómo funciona realmente la realidad, la conexión con la Fuente y la Creación, etc., y las ha tergiversado en la medida de lo posible para que, en vez de ser el dios tal quien viene a ayudarte, son mil naves pleyadianas con sus cañones de plasma y su comandante estelar quien se dirige a la Tierra para liberar al ser humano, o son los nuevos "cristos" que han de encarnar los que van a tomar las riendas del camino de la humanidad y salvarnos a todos. Siempre es el mismo argumento, pero hay que ir cambiando el decorado para que no lo parezca.

15. ¿Dónde están insertados los programas y arquetipos religiosos en nuestra psique y en nuestro IC? Como desconectarnos y eliminarlos.

Ahora que ya tenemos una explicación bastante completa e inicial sobre el origen de las religiones y cómo son usadas para el control de la humanidad, vayamos a explicar con más detalle el funcionamiento de los programas sobre religión presentes en nuestra mente, y daremos instrucciones para eliminarlos y desprogramarlos.

Como habíamos dicho, el programa principal que gestiona toda la conexión con los sistemas de creencias presentes en los inconscientes colectivos recibe el nombre de "arquetipo religioso" y viene a ser algo así como un "Windows" o sistema operativo menor del ordenador que está funcionando bajo el mando y gestión del programa ego, este, a su vez, en control de todo el conjunto de la psique y la personalidad del ser humano.

Por lo tanto, este arquetipo religioso no es único, o no es un solo bloque de rutinas, sino que está compuesto por múltiples capas y niveles de programación en las que se gestionan, procesan y analizan todos los datos y parámetros que forman parte de los sistemas de creencias de la humanidad.

Para que, por ejemplo, cuando estemos leyendo, escuchando, o recibiendo información relacionada con la religión a través de un medio de comunicación, o en algún evento o situación, haya algún programa en nuestra mente que pueda determinar si es adecuado o no imbuir ese concepto, dejar pasar ese conocimiento o bloquearlo por completo, estos programas analizan el contenido de lo que es captado por los sentidos versus el contenido de lo que está programado por defecto en la mente de la persona, por conexión con el inconsciente colectivo de la zona donde se encuentra, en el tema "religioso".

Puesto que, aunque no profesemos ninguna creencia genérica sobre religión concreta, tenemos por defecto una serie de creencias globales asociadas a las ideas y conceptos de "ser externo superior" o "deidades" en nosotros, por mucho que uno se haya vuelto ateo o agnóstico a lo largo de su vida no ha desprogramado nada de lo que venía en su psique por conexión con el IC desde su nacimiento, y, por lo tanto, solo ha añadido unas capas de creencias e ideas sobre que "no existe ningún dios" a las capas y sistemas de creencias que le fueron programados al nacer sobre "hay un dios que rige todo lo que te pasa en la vida".

Este arquetipo religioso, además, tiene la potestad de bloquear procesos en la mente que lleven a la persona a aceptar ideas que puedan ser perjudiciales para su propio sistema y forma de ver la vida. Es decir, si intentáramos desprogramar y desinstalar por la fuerza todos los arquetipos religiosos de todas las mentes de todos los humanos del planeta, la mayoría de la humanidad entraría en crisis existencial, y terminarían muy mal psíquicamente, pues el sostén "mental" de la mayoría de personas, no todos pero una gran mayoría, es su sistema religioso programado y gestionado por este arquetipo, y todo el resto de su programación gira en torno al mismo.

Esto hace que, si se quiere expandir la visión de la realidad de una persona, si se quiere dotar a alguien de una forma más verídica y real de entender el cosmos, el universo, las leyes de la vida, etc., hay que eliminar este arquetipo, pero no se puede hacer de manera rápida ni forzada, pues toda su existencia se vería comprometida y resentida, y todo aquello que lo mantiene "cuerdo" y con una visión determinada del mundo, podría venirse abajo y desmoronarse más rápidamente de lo que la persona es capaz de aguantar mientras reconstruye en su mente otro sostén de ideas más adecuado a su bien mayor y camino evolutivo.

Es por ello que, actualmente, las religiones siguen teniendo un papel tan fundamental en la vida de tantos millones de seres humanos, no solo ya como medio de control, sino como puntal de su estabilidad psíquica, ya que el "Windows religioso" presente en sus esferas mentales, ha tomado el papel central de sostén de la visión de la realidad para la personalidad del ser humano y no puede concebir la vida y su mundo sin su visión "religiosa-espiritual" y conceptos asociados a la misma.

Así que, si queremos empezar a desmontar este arquetipo y todos sus programas asociados tenemos que hacerlo por pasos, aunque estemos seguros de que a nosotros la religión ni nos va ni nos viene, nos da igual un dios que otro y creemos que ya no estamos formando parte de sus sistemas de control, lo cual no es correcto, a menos que, de alguna manera, ya hayamos desinstalado todo los programas y rutinas que siguen manteniendo una visión de la vida y del mundo acorde a esa programación estándar instalada al nacer en nuestras esferas mentales.

La desprogramación, por lo tanto, se tiene que hacer a través de nuestro Yo Superior, pues es la parte natural del ser humano que posee conexión con el campo de energía que es la "Fuente", o la "Creación". Pero ¿esto no es otro sistema de creencias? Es decir, ¿no estamos sustituyendo una plegaria al dios Pepito o al santo Fulanito por una petición a un "ser superior" cuya única diferencia es que forma parte de mí?

Si, y no. ¿Es una petición a una fuerza superior? Sí, pero ¿a qué fuerza? A una que pertenece a ti mismo, pues tú eres parte de todo lo que existe y tienes el potencial de usar esa fuerza como hacen todos los seres conscientes del universo para su evolución y crecimiento. Así que, por ese lado, lo de la petición es correcto, seguimos haciendo una petición a algo percibido como superior. ¿Cuál es la diferencia? Que nuestra energía con esa petición no es usada en nuestra contra, como cuando se le hace a un dios o un santo externo, sino que esa energía es la que va a ser usada por nuestro Yo Superior para detonar y ayudarnos con los cambios que estamos solicitando, por lo tanto, son nuestros propios recursos energéticos internos usados para nuestro propio crecimiento.

Por otro lado, si yo soy mi Yo Superior, ¿por qué tengo que pedirme a mí mismo algo? Porque no es del todo correcto que "yo" sea mi Yo Superior. Quien está leyendo esto ahora es la personalidad artificial del vehículo o avatar físico que forma parte del conjunto "humano", que está teniendo esta existencia y vida. Pero esta parte de "personalidad" no es la parte álmica, espiritual o la parte que llamamos el Yo Superior, y esa personalidad no tiene la energía y la potencia para hacer la sanación o desprogramación por sí misma, por lo tanto, tiene que recurrir a un nivel interior más potente para ello. En apariencia, es lo mismo que pedirle a un "santo" o a una deidad X que ejecute o le conceda algo, pero en realidad es solo la apariencia, porque ni la energía, ni el canal, ni el nivel de consciencia ni el mecanismo de cómo funciona esta petición o solicitud se parecen en lo más mínimo.

Así, cuando estamos intentando ejecutar las desprogramaciones, no hay nadie ni nada que lo haga externamente, sino siempre es un proceso interno desde una parte de nosotros hacia otra parte de nosotros. Como si las manos se pusieran a lavarse los pies dirigidos por la consciencia y la mente, en vez de pedirle a alguna deidad que nos deje los pies limpios de barro cuando hemos entrado en casa después de pisar un par de charcos.

Bien. El mecanismo de desprogramación ya lo conocemos, y la petición que ponemos a continuación iniciará el proceso de eliminar el arquetipo religioso y la conexión del mismo al inconsciente colectivo. Entonces, ¿qué pasara con mi sistema de creencias? ¿Se romperá de golpe?

No, en ningún caso, será un cambio paulatino y la persona dejará de estar regida por los parámetros que le fueron insertados al nacer y que aún posee, y que dirigen una parte de su visión de la realidad sin darse cuenta, de manera que se producirá poco a poco una apertura de miras, una forma diferente de entender la realidad, la vida, la existencia, ya que, al ir borrando los programas y datos que te dicen que el mundo depende de una deidad exterior que hace y deshace a su antojo, uno empieza a ganar subconscientemente el control sobre la idea de que tu mundo y tu realidad dependen solo de ti, y eso nace como certeza en tu interior, y no como idea externa impuesta o programada.

Esta petición, por lo tanto, hay que hacerla muchas veces, en paralelo con todo lo anterior, y ya sé que se nos acumula trabajo con todo lo que llevamos explicado y publicado entre este libro y el anterior, pero es que todo aquello que fue imbuido e insertado en nosotros requiere de un enorme esfuerzo para poder ser revertido, de muchas horas de sanación y desprogramación, de mucho trabajo personal interior y de mucha fuerza de voluntad para no dejarlo a medias a los pocos días de haberlo iniciado.

El protocolo, en cada petición que hagamos, eliminará una parte de esos programas y rutinas religiosas y borrará una parte de los parámetros y conocimientos asociados a la parte religiosa de la vida, y podemos seguir haciéndola continuamente hasta que, internamente, tengamos la certeza de que hemos cambiado de visión del mundo por desprogramación completa de este arquetipo y todos sus niveles.

> *Solicito a mi Yo Superior que elimine y desprograme el arquetipo religioso presente en mis esferas mentales, cuerpo mental y componentes de mi psique, así como todos los programas y elementos que lo protegen, sus sub-rutinas y parámetros de funcionamiento, bases de datos y "ficheros" con la información programada y almacenada en mí que está siendo gestionada por este arquetipo religioso. Solicito que vaya eliminando paulatinamente cada nivel de mi sistema de creencias asociado a conceptos religiosos a medida que puedan ir siendo accedidos por mi Yo Superior, eliminando los topes, firewalls, y protecciones de niveles superiores insertadas para prevenir la desinstalación de los mismos. Gracias.*

Con esto habremos dado un enorme paso adelante en la limpieza de nuestra psique y empezaremos a vaciarla de uno de los componentes más importantes que dificultan, de muchas maneras, nuestro avance, "despertar" y crecimiento.

16. Economía y dinero vs abundancia y prosperidad, arquetipos y procesos energéticos que marcan la mentalidad de escasez de recursos vs la mentalidad de abundancia de los mismos

De la misma manera que los sistemas de creencias y las religiones han sido usados para bloquear el potencial del ser humano y hacerle creer que su suerte, destino y realidad siempre dependía de fuerzas externas sobre las que no tenía ningún control, algo parecido pasa con los conceptos de abundancia, riqueza, y la contrapartida de escasez, falta de recursos y limitación en los elementos físicos que hacen que la vida de una persona pueda ser pletórica o completamente miserable.

El concepto de la abundancia nace como parte de la "Creación" donde todos los seres conscientes que existen en ella tienen todo lo que necesitan para poder ser felices y poder llevar a cabo sus propósitos evolutivos. Por lo tanto, no existe el concepto de escasez o de falta de recursos en ningún plano por encima del plano mental del universo, de nuestra galaxia, sistema solar y finalmente del planeta. ¿Qué significa esto? Significa que no hay ninguna forma de vida por encima del plano mental que conozca lo que significa "no tener algo", "faltarle recursos", "no poder conseguir algo" o "escasez de algo".

Pero, si esto es así, ¿por qué entonces en los sistemas y planos más "materiales", desde el mental al etérico y al físico sí que existe este concepto?

Por manipulación, y por muchos procesos que se han ido dando a lo largo de la historia de las civilizaciones y razas que han existido y existen por todo el universo, donde, en sus propios procesos evolutivos, ha habido o se ha producido la implementación del concepto de escasez y de falta de recursos como forma de detonar y catalizar procesos evolutivos para esas razas, grupos o sociedades.

Al no tener "algo", muchos seres, grupos y especies conscientes a lo largo del universo se han esforzado por desarrollar las capacidades, cualidades y potenciales que les permitían obtenerlo o conseguir aquello que necesitaban, con lo que esta "falta de" se implementaba como lección "positiva" por los logos solares y planetarios de los diferentes sistemas donde estos grupos existen y evolucionan. Pero la "falta de" en el sentido en el que lo estamos explicando, y cuando se usa como catalizador para un bien mayor de toda una especie, no es exactamente lo mismo que está siendo usado en la Tierra y con nuestra especie para ayudarnos a crecer, sino, como siempre, para todo lo contrario, pues la implementación de los arquetipos de escasez y de falta de recursos como fórmula principal de proyección de la realidad común en la psique del lhumanu y en la psique colectiva desde los albores de nuestra creación, han proporcionado el entramado y sustrato energético para crear una sociedad donde siempre nos falta de todo, no tenemos recursos para salir adelante, falta dinero y otras formas económicas para que una gran parte de la población pueda sobrevivir y sacar sus vidas adelante, faltan elementos que nos doten de una seguridad material estable, falta siempre aquello que nos es más necesario para poder respirar tranquilos y dedicarnos a cosas que vayan más allá de simples contextos de supervivencia física y material, etc.

Y es que la historia y origen de esta situación es compleja. Pero es necesario conocerla.

Cuando una sociedad rebosa abundancia en todos los sentidos, no solo en el sentido monetario que conocemos, esa sociedad tiene los recursos para salir adelante y para poder avanzar y crecer a un ritmo muy rápido. Si no se quiere que sea así, tienes que cortarle todos los accesos a esos recursos. Pero, si el mundo y la realidad es una pura proyección holocuántica y el arquetipo de la abundancia está presente por doquier, pues es una energía que puede condensarse desde el plano mental al etérico y desde el etérico manifestarse en el físico en la forma de recursos tangibles para aquello que necesitemos, entonces, ¿cómo haces para que el mundo en el que vives sea un mundo de escasez y no un mundo donde todos tienen todo lo que necesitan?

Debes hacer que las personas, ellas mismas, de nuevo, proyecten ese mundo de escasez como parte de su sistema de vida y como sustrato de la realidad común y consensuada que emiten. Por lo tanto, al igual que poseemos un arquetipo religioso que conecta con los sistemas de creencias del inconsciente colectivo y que nos hace creer subconscientemente que hay fuerzas externas a nosotros que dirigen nuestras vidas, también hay un arquetipo de la abundancia y otro de escasez que gestiona e imbuye en nuestra mente subconsciente y preconsciente, así como en sus capas correspondientes del cuerpo mental, los programas de carencias y de falta de recursos que, entonces, pasamos a emitir conjuntamente todos los seres humanos con mayor o menor intensidad, de manera que, en la proyección global holocuántica del inconsciente colectivo, se forme, de forma macro, un "holograma cuántico" de "falta de todo", que se tiene que compensar de muchas maneras a nivel individual, y con ayuda de nuestros guías y Yo Superior, para que podamos salir adelante.

¿Quiere decir esto que estamos entre todos co-creando un mundo donde no hay bastante comida, recursos, dinero, vivienda o todos esos elementos que nos hacen vivir en el plano sólido con un mínimo de comodidad?

Sí, pero en parte. Es decir, para que algo en el plano sólido sea de una determinada manera, primero se ha de crear en el plano mental y luego en el plano etérico, ya lo hemos mencionado varias veces. Por lo tanto, en el plano mental tiene que existir siempre la idea, los elementos y los escenarios a nivel macro y globales de que "no hay bastante", "no hay recursos", "vivimos en la escasez". Mientras todos los seres humanos en mayor o menor medida emitamos ese tipo de forma mental desde nuestra psique hacia el inconsciente colectivo, ya tenemos la primera parte del proceso completa, es decir, siempre tendremos en el IC las formas energéticas de "falta de" que luego sirven para crear la realidad. Estas formas mentales bajan al plano etérico a través de las octavas y de las líneas temporales que ya hemos visto anteriormente, y así, regularmente, de forma automática, la realidad global genérica es la que "no hay bastante para todos".

Muy bien, pero hay muchas personas que tienen muchísimo dinero y recursos. Es correcto, de hecho, aproximadamente un 1% de la población posee aproximadamente el 90% de las riquezas del planeta. ¿No es esto un poco exagerado y desbalanceado?

Totalmente. ¿Cómo lo han hecho? Desprogramándose, eliminando el arquetipo de la escasez que ahora vamos a explicar y veremos cómo se hace. ¿Significa esto que todos los millonarios del mundo entienden cómo funciona la creación de la realidad y entienden cómo pueden manipular y limpiar su propia psique para ello?

No, ni de lejos, algunos han trabajado enormemente en sistemas mentales y a nivel de personalidad para enfocar su relación con los recursos financieros y monetarios sin tener ninguna perspectiva energética, ni espiritual ni de desprogramación, pero han conseguido hacer cambios en su psique y en su relación con el concepto y arquetipo del dinero y de la abundancia al cambiar los patrones de comportamiento mentales asociados a ellos. Y es que un programa se cambia con otro programa, una creencia se cambia con otra creencia y un patrón de comportamiento se puede cambiar con otro patrón de comportamiento.

Por lo tanto, hay muchas personas en el planeta que han amasado enormes fortunas sin tener ni idea de todo esto pero, cambiando su proyección, creencias y formas mentales asociadas al arquetipo de la abundancia, algo que os podéis encontrar en miles de libros sobre como tener éxito económico, con la diferencia de que de los millones de personas que los leen, solo un puñado llegan realmente a ver manifestados los cambios y a ejecutar y promover la transformación interior que se requiere para pasar de emitir y funcionar bajo el arquetipo de la escasez y de la falta de recursos a emitir y funcionar bajo el arquetipo de la abundancia.

De manera que damos crédito donde hay que darlo, hay personas que por un duro trabajo interior, sabiendo o no lo que estaba sucediendo en su psique y patrones de emisión de la realidad, han conseguido una enorme cantidad de recursos porque han empezado a emitir otro "holograma cuántico" personal donde esos recursos formaban ya parte natural de aquello que estaba siendo emitido por su glándula pineal y por el contenido de su cuerpo mental.

Entonces, dejando a un lado este grupo de personas que ha tenido éxito por sí sola, ¿qué sucede con el resto? Un alto porcentaje de los miembros de los círculos en control que hemos explicado, desde el tercer al décimo círculo de poder, comprenden, porque así se les enseña cuando entran en esos niveles, como funciona la realidad, por lo tanto, una gran parte de ese 1% de personas que tienen el 90% de los recursos son estos mismos integrantes de los diez primeros círculos de poder en el planeta, siendo todos ellos, o casi todos, miembros de algunas de las sociedades "secretas" iniciáticas que hemos comentado que existen en nuestra sociedad.

Así que, entre otras cosas, si has aprendido a desprogramar tu mente para que no emita y no proyecte ningún tipo de situación asociada a la escasez, pero sigues manteniendo al ser humano medio proyectando la falta de recursos en su vida constantemente, ese 1% de la humanidad sigue acumulando recursos y riquezas, pues al final la mayoría de ellos son recursos "intangibles" como los números de tu cuenta corriente en un banco, y ese 99% sigue acumulando falta de lo mismo, por las razones opuestas.

Además, si recordáis el capítulo del primer libro donde hemos hablado de los niveles de realidad que existen en el planeta y de que el alma de una persona solo puede acceder a determinados niveles de realidad según su nivel evolutivo, nos encontramos además que, dentro del entramado energético común de la línea 33 donde se encuentra la mayor parte de la población humana, los estratos de realidad son tan bajos que los arquetipos de escasez y "falta de todo" son muy potentes, por lo tanto, a menor nivel vibracional tiene una persona, más difícil se le hace conectar con los arquetipos de abundancia que tienen una frecuencia más alta, y, por lo tanto, están sujetos a que la persona tenga ese nivel mínimo frecuencial para poder sintonizar esa materia prima de "abundancia" en su cuerpo mental, y a partir de ahí empezar a emitir patrones de "tengo lo que necesito" en vez de "no llego nunca a final de mes".

Todo funciona como emisoras de radio, todo son ondas holocuánticas, todo son patrones energéticos y el mundo de cada uno de nosotros solo depende de aquello que emitimos. Pero aquello que emitimos depende de la materia prima que usamos para emitir, por lo tanto, si estamos en un nivel bajo de vibración y realidad solo podemos aspirar a emitir ondas de baja vibración que proyectan escenarios asociados a todo tipo de situaciones más negativas, con lo cual, todo el concepto de falta de recursos y falta de cualquier cosa toma forma más rápidamente en zonas, lugares y sociedades "pobres" de por sí económicamente, pero pobres también energéticamente hablando por la vibración del lugar donde residen.

Esto, desde luego, visto desde un punto de vista genérico, porque en toda zona por muy pobre que sea siempre hay alguien al que le va bien las cosas, y, por lo tanto, no es una regla que esté escrita en piedra, sino que funciona por acceso a campos de energía que están entrelazados entre sí, interconectados y superpuestos los unos con los otros, de manera que, en el lugar donde una mayoría de la población no alcanza a obtener los recursos que pueda necesitar para su día a día, otros pueden estar accediendo a niveles superiores de realidad dentro de esas mismas zonas y son aquellos que tienen de "todo" en un entorno donde "no hay de nada".

Pero esas personas puede que no se hayan dado cuenta, que no sepan como lo han hecho, o que diferentes situaciones hayan llevado a cambiar su proyección de la realidad, su forma de entender el mundo en el que viven, o hayan recibido algún tipo de catalizador, detonante, ayuda o empuje externo para poder salir de un nivel de realidad más bajo y subir un par de grados el entramado energético desde el que emiten. Múltiples situaciones y explicaciones son posibles a nivel mental y etérico, teniendo en cuenta luego el esfuerzo, trabajo o lo que a nivel físico esas personas hayan puesto en marcha para salir de ese nivel de "escasez" y entrar en el nivel de "abundancia".

En todo caso, y en general, la escasez es usada como medio de control de la sociedad para hacer que la humanidad permanezca siempre preocupada por obtener los recursos que necesita para salir adelante, y así se ha diseñado la sociedad y el sistema económico que poseemos desde los tiempos del lhumanu, pues ya se insertaron formas monetarias o de intercambio de bienes en nuestras primeras sociedades como manera de mantener el control de lo que el ser humano poseía o dejaba de poseer. Así, al introducir el concepto de "dinero", que es la manera en la que se inició este proceso, se sustituyó el arquetipo de abundancia, que es tener lo que necesites cuando lo necesites, por el de "acumulación de riquezas" que pasa por obtener muchas "piezas" de eso que te va a servir para obtener lo que necesites cuando lo necesites.

No sé si se entiende la jugada "energética" que se puso en marcha por asimoss y amoss para que los lhumanus y sus primeras civilizaciones pudieran ser controladas a través de los recursos que poseían. En vez de dotarlos de las capacidades de vivir en un mundo ilimitado a nivel energético que podría proporcionarles por proyección holocuántica de la realidad aquello que les hiciera falta, se les hizo concentrarse en conseguir riquezas físicas, piezas de metal y papel, que luego iban a ser intercambiadas para conseguir eso mismo que necesitaban.

Como amoss y asimoss no pueden controlar la energía de la abundancia que es infinita, tenían que controlar el material que desde ese momento pasaba a sustituir a ese concepto, de manera que el dinero se introdujo para poder decidir quién tenía acceso a algo y quien no, que pueblo poseía más poder y que pueblo quedaba subyugado, que región se hacía prosperar y que región se hundía en la miseria si no cumplían las órdenes de asimoss y amoss a través de sus clanes y sistemas de control.

Al poder controlar así el flujo de piezas de metal que representa el valor que pueden tener las cosas según nuestra percepción subjetiva, podían entonces cortar el acceso mental al arquetipo y energía de la abundancia y conseguir que toda la sociedad se mantuviera subyugada al sistema económico y financiero por un lado, a nivel material, y al sistema religioso, por otro, a nivel de creencias y espiritual.

Con estos dos arquetipos instalados en la psique del lhumanu, no hizo falta mucho esfuerzo para que la realidad planetaria ya hace miles de años fuera cambiando y adaptándose al concepto de sociedad que tenemos ahora, pues el sistema bancario mundial controla la economía de todos los países, regiones, ciudades y seres humanos, su sistema financiero es el que dice cuántos recursos en forma de números en el banco o papeles de colores con números impresos en ellos tienes para pasar el mes según tu valía energética para el sistema de control, etc.

Es decir, tu nómina equivale a la energía que pueden extraer de ti y a cuanto vales dentro del engranaje del sistema financiero y económico mundial, pues personas que están muy bien pagadas es porque tienen posiciones dentro de la maquinaria mundial donde pueden, a través de ellas, manipular otras estructuras y a muchas otras personas que tienen por debajo, por lo tanto, haciendo "honor" a leyes energéticas de causa-efecto se tiene que insertar más recursos financieros en las vidas de los que sirven más al sistema de control cuando están dentro de su maquinaria que a aquellos que tienen un valor nominal casi cero y que pueden ser reemplazados con mucha más facilidad dentro de este mismo sistema.

Esta manera de entender el valor de una persona, que fue implementada por asimoss para premiar el servicio de las castas sacerdotales y de los primeros clanes que se pusieron en control del resto, se ha ido desarrollando de manera natural y progresiva en todas las épocas históricas de la humanidad, donde, ya dejados en piloto automático, los mismos seres humanos nos hemos encargado de regular los sistemas económicos y de recompensa que nos damos unos a otros por el trabajo o servicio que nos prestamos, ya bajo las reglas de que se paga más o menos a alguien según unos parámetros estipulados por la misma sociedad, que tienen su origen y su estructura etérica y mental en uno sistemas de control donde la escasez y los arquetipos de falta de recursos son los que mantienen el sistema económico mundial en marcha.

Por lo tanto, para poder desprogramar estos arquetipos de nuestra psique, y poder salir de los niveles más bajos de la estructura de la realidad donde no tengamos demasiadas opciones de empezar a emitir otras proyecciones asociadas a la abundancia, haremos la siguiente petición a nuestro Yo Superior, muchas veces, hasta que realmente la realidad física de tu día a día te demuestre que has empezando a co-crear otro "mundo" para ti y aquello que depende de ti. Mientras no cambie tu realidad externa, tu realidad interna aún no ha cambiado lo suficiente, y, por lo tanto, es necesario seguir ejecutando tanto esta petición como las anteriores de este y el primer libro que hemos puesto para poder limpiar, desprogramar y eliminar de nosotros aquello que nos está frenando y bloqueando aspectos de nuestra vida.

La petición es la siguiente:

Solicito a mi Yo Superior que elimine los arquetipos, programas, patrones y elementos de escasez, falta de recursos, carencia y falta de elementos en mi mundo "material" y los sustituya por arquetipos de abundancia y de poder obtener todo lo que necesito cuando lo necesito, en base a mi bien mayor, mi trama sagrada, mis procesos evolutivos, mi misión y propósito. Solicito que se eliminen los topes, inhibidores, distorsionadores y bloqueos presentes en mí que dificultan la emisión de una realidad acorde a una vibración mayor a la que ahora poseo, que dificultan que pueda subir a un estrato de mi línea temporal desde donde pueda emitir con una frecuencia más alta y que me dificultan que pueda acceder a niveles de realidad superiores para poder ver manifestado en mi realidad, tangible a mis sentidos físicos, la abundancia y total acceso a los recursos de la vida y del universo en todo momento y en todos los ámbitos de mi vida. Gracias.

17. Fuerzas de la naturaleza, Kumar, la vida consciente en la Tierra, el trabajo y la cooperación con otras fuerzas y seres que cuidan de la vida planetaria

Entramos ya en el penúltimo capítulo de este segundo volumen de Dinámicas de lo Invisible, esperando que las pautas que vamos dando de todos estos temas que son tan importantes para la compresión del mundo en el que vivimos vayan sirviendo para ampliar nuestra visión de la realidad, y de cómo funcionan las leyes de la vida y de la Creación.

Ahora que hemos visto con más o menos detalle el funcionamiento y la estructura del sistema de control, es momento de irnos al otro lado del péndulo, a explicar cuáles son y cómo funcionan las fuerzas que nos asisten, apoyan y mantienen el entramado de nuestra existencia todo lo encarrilada posible para que nuestro tren particular, a pesar de todo lo que ya hemos explicado, pueda seguir adelante por sus vías con las menores trabas y obstáculos posibles.

Y es que no estamos solos en el planeta. Por simple que esta observación puede parecer, no somos los únicos ni los primeros habitantes de la Tierra, y ciertamente no somos los dueños de la misma. Esta "escuela" que representa nuestro planeta es habitada por varios millones de formas de vida energética que desconocemos, o en todo caso solo nos suenan por medio de cuentos, leyendas o explicaciones más o menos abstractas o "místicas", pero no los conocemos realmente, y no sabemos quiénes son nuestros "vecinos" en este precioso lugar que es, en muchos sentidos, la Tierra.

Por lo tanto, hablemos de esas otras fuerzas y grupos que apoyan al ser humano y le asisten, pero que, además de eso, tienen sus propios procesos de crecimiento y evolución dentro de la estructura que Kumar proporciona a todos estos millones de entes a lo largo y ancho de la estructura física y energética del planeta. Para ello, empecemos desde el principio.

Habíamos explicado en el último capítulo del primer libro que la Tierra fue diseñada con el propósito de convertirse en un repositorio "vivo" de especies de flora y fauna, también mineral, que sirviera para terraformar otros planetas, si era necesario, llevándose unos pocos ejemplares de cada planta o especie animal existente aquí. Por lo tanto, la Tierra fue dotada de millones de especies traídas por miles de razas de sus planetas de origen como una simple misión de crear un "lugar natural" que reflejara la diversidad de vida animal y vegetal del sector de la Vía Láctea donde nos encontramos.

Una vez que diferentes grupos y razas trajeron parte de su flora y fauna y el ecosistema de la Tierra se fue completando, y estos grupos se fueron, el propio Kumar necesitó ayuda para poder llevar a cabo el desarrollo de la biosfera y el cuidado de todo el entramado natural que se estaba formando. Para ello, el propio logos planetario creó, inicialmente, "formas energéticas conscientes" conocidas por nosotros como "elementales de la naturaleza" en base a formas vivas "cósmicas" presentes en todos los planetas y en todo este universo, conocidas por los humanos como los "cuatro elementos": fuego, aire, tierra y agua.

Pero el hecho de que nosotros hablemos del elemento tierra, agua, fuego y aire como algo "natural" y que forma parte del plano sólido de la Tierra es solo porque existen energías y "campos de fuerza" que son la contrapartida de ese fuego o de esa tierra, de lo contrario, no existirían los elementos físicos representados por estos. Por lo tanto, tanto Kumar como otros logos planetarios, usando una combinación de estos cuatro campos energéticos, se les dé el nombre que se les dé en cualquier otro lugar, forma los diferentes elementos "físicos" y, a partir de ahí, por combinación de estos, el resto de elementos de la naturaleza.

Esto quiere decir que todos los elementos químicos que conocemos en nuestra tabla periódica y los que nos faltan por conocer, están formados por una combinación de mónadas de los campos de energía de estos cuatro elementos primarios, así que los átomos de hidrógeno, de mercurio o de plata se forman porque las mónadas de los elementos "energéticos" y conscientes agua, fuego, tierra y aire, más el quinto elemento, que es el "éter neutro" o akasha, se mezclan en ciertos órdenes de magnitud y en ciertas combinaciones para formar una partícula que terminará dando lugar a un cierto elemento mineral que nosotros clasificamos en nuestra tabla periódica.

De esta manera, el logos planetario, en cualquier planeta, forma y crea "elementales" y "devas" para que asistan al cuidado de la biosfera y naturaleza existente en ese planeta, en su parte más física y etérica. Por ello, se crearon por parte de Kumar una serie de grupos y jerarquías que nosotros conocemos por nuestros cuentos infantiles como los seres que cuidan de los ríos, bosques, lagos, océanos, montañas, plantas, etc.

Estos seres, estos "elementales" y jerarquías dévicas, son tan reales como nosotros, pero no poseen cuerpo ni estructura física, por lo tanto, solo son perceptibles para personas con capacidades de visión extrasensorial, y solo si estos "elementales de la naturaleza" desean dejarse ver, pues suelen huir en muchos casos de la presencia del ser humano por nuestro desconocimiento de ellos, y por nuestra acción tan negativa sobre el entorno natural del planeta que habitamos.

Por lo tanto, los primeros seres y grupos que en general conviven con nosotros sin que lo sepamos, son trillones de seres que vigilan que lo que queda de la naturaleza, lo que no hemos destruido ya, pueda seguir literalmente "vivo" y en equilibrio. Como podéis además intuir, estos elementales no están por la labor de ayudar al ser humano, y, sin embargo, indirectamente lo hacen, pues sin su trabajo una gran parte de la humanidad habría ya perecido, pues dependemos de su ayuda a animales y plantas para nuestra supervivencia más allá de lo que estos propios animales y plantas pueden cuidarse a ellos mismos.

Además, dentro de la estructura y jerarquías de elementales, pues estos tienen muchos niveles de consciencia, energía, poder y capacidad para interactuar con el reino natural, existen seres muy poderosos que actúan como guardianes de zonas enormes, como puede ser toda una cordillera montañosa, un bosque que se extiende por kilómetros, un mar por completo, etc. Este tipo de "guardianes" o "protectores naturales" puede impedir que el ser humano ejecute o haga ciertos tipos de cambios o tenga cierto impacto no deseado en las zonas que controlan, pueden bloquear y manipular la realidad del entorno si esta se encuentra en peligro, y pueden expulsar a personas de una

240

zona si está en juego la supervivencia de aquello que cuidan. Pero, entonces, ¿por qué no lo hacen? ¿Cómo es posible que el ser humano haya destruido medio planeta y no se haya intervenido?

Por dos razones. Primera, porque Kumar ha dejado siempre y ha dado siempre la orden de no intervenir si no es en caso extremo, debido a que se conocía la dificultad de nuestra especie para ser consciente de lo que estaba sucediendo con ella y se trataba de usar la destrucción del planeta como catalizador para nuestro despertar. Se creía, ahora ya no es así, que el ser humano reaccionaría al ver como se morían millones de especies de flora y fauna, se creía que el ser humano cambiaría cuando no tuviera agua potable que beber por haber contaminado todos los ríos y lagos, se creía que el ser humano empezaría a respetar la naturaleza cuando se diera cuenta de cómo la había llenado de basura. Así que los elementales y los protectores de toda la Tierra "aguantaban" en el sentido "humano" del término, por orden de Kumar y "esperando", en el sentido humano del término también, a que nosotros nos diéramos cuenta y "abriéramos los ojos" en masa a lo que estábamos haciendo con nuestro planeta.

Pero esto ya no es así, es decir, se ha comprobado que no hay manera de que el ser humano "despierte" y revierta la acción negativa que el hombre ha ejercido sobre el entorno, así que, entre otras cosas, ahora ya no se va a hacer nada por revertirlo de su estado actual ni tratar de recuperar el daño hecho a la Tierra 7,8Hz, pero lo que sí que se ha hecho es que se han cambiado las reglas del juego para la próxima "realidad", para la "nueva Tierra 15,6Hz".

Esto significa que, como os había comentado anteriormente, Kumar es quien pone las bases de la realidad común que el ser humano aprenderá a manifestar cuando demos el salto al siguiente nivel evolutivo, y dentro de esas reglas base que todos vamos a aceptar, porque formarán parte de nuestra psique grupal y natural, está la prohibición y la no permisividad de dañar el medio ambiente de ninguna de las maneras.

Esto, dicho de otro modo, significa que en la "nueva Tierra" no se puede cortar ni una flor de una planta o se puede arrancar una hierba del suelo sin permiso de Kumar.

Y ¿cómo se va a implementar esto? ¿No está mi libre albedrío por encima y solo agachándome y cogiendo una flor estirando de ella puedo llevármela a casa? Ahora sí, es correcto, pero no en el siguiente nivel evolutivo donde una fuerza interna que saldrá de la conexión con el propio planeta te impedirá hacerlo. Kumar toma las riendas del entorno natural en el que viviremos y habremos de aprender a convivir en armonía con la biosfera empezando desde cero, con lo cual, ya podéis ver que tenemos mucho que sanar y desprogramar antes de que podamos dar el salto y paso definitivo a la nueva realidad para que este comportamiento y visión sea algo natural en nosotros.

Y si elementales y fuerzas de la naturaleza son, por millones, y en muchos grados jerárquicos, los "vecinos" más importantes que tenemos, no lo son menos aquellos otros seres que nosotros llamamos "guías espirituales" por la función que realizan para con nosotros, aunque, evidentemente, tengan sus propios sistemas evolutivos, funciones, aprendizajes o misiones dentro del planeta además de trabajar con los seres humanos. Sobre el concepto de guía espiritual, pues no tenemos otro nombre para llamarlos al no conocer sus grupos, orígenes, jerarquías y propósitos, tenéis a vuestra disposición mi libro El Yo Interior, donde explicamos con detalle parte del trabajo que hacen con nosotros y como poder colaborar con ellos. Pero, más allá de la función protectora que tengan para el ser humano, estos grupos de seres que habitan la Tierra poseen sus propios sistemas organizativos, de vida, de existencia y de evolución, y son aquellos que habitan las estructuras del planeta desde el plano mental hacia el llamado plano "ádico" como el nombre que usamos para la última capa o entramado energético de nuestro planeta. En cada uno de estos estratos de la Tierra, existen múltiples estructuras donde viven, experimentan y "trabajan" aquellos que nunca han "pisado" el plano físico y que, sin embargo, son tan habitantes de este planeta como nosotros.

Este tipo de seres no físicos, que cuando actúan como protectores o actúan para echarnos una mano les llamamos "guías espirituales", hacen muchas más cosas que velar por el ser humano, y aunque esto último forme parte de sus funciones y de su trabajo, tienen también funciones de cuidado y mantenimiento de las estructuras del planeta en los niveles superiores, algo parecido a lo que hacen los elementales a nivel físico y etérico.

Por lo tanto, nuestro logos planetario tiene trillones de seres que le asisten en todo momento para que la estructura de la Tierra funcione correctamente, no solo como sustento de vida para el ser humano, la flora y la fauna, sino para otros muchos millones de seres que la habitan por doquier.

Dentro de estas jerarquías más altas están también aquellas que en algún momento han sido asociadas a imágenes celestiales, luminosas, angelicales, etc. Es decir, asimoss y amoss, usando la imagen de ciertos grupos de seres que existen en los niveles más altos de nuestro planeta, crearon todo un entramado de entes "religiosos" que fueron imbuidos en el imaginario colectivo como fuerzas de control de los dioses sobre los humanos, estando, estos grupos de seres "reales", completamente ajenos, en muchos casos, al uso que se daba de su imagen y arquetipo como manera de control de la humanidad.

A partir de ellos, se crearon miles de egregores y formas energéticas asociadas a todo tipo de seres que habitan los planos más altos del planeta, se les puso nombres "celestiales" para poder crear fuertes identificaciones en la psique colectiva y, a partir de ahí, se crearon los sistemas de plegarias para que rezando tal oración a tal santo, tal arcángel o tal ser se pudiera hacer creer a la humanidad que iba a recibir ayuda divina si oraba con el suficiente fervor y constancia. Como siempre, cuando necesitamos algo, sea lo que sea, la petición se ha de hacer internamente, a nuestro Yo Superior, quien pone en marcha los procesos y las octavas para que, desde el plano mental se creen, cuando se pueda, los sucesos y eventos que luego han de montarse en el plano etérico, y finalmente llegar al plano físico como "aquello que hemos pedido".

Este mecanismo es el único que funciona adecuadamente, pues, en la mayoría de los casos, cuando le pedimos a la deidad tal, al santo cual o al ser X algo, a veces es recogido por nuestro YS y puesto en marcha de igual manera, o a veces no se hace porque la petición no está siendo dirigida correctamente hacia quien la tiene que poner en marcha.

Los egregores y sistemas de creencias sobre seres "celestiales/angelicales" no responden ni ponen en marcha eventos para dotarnos de aquello que hemos solicitado, porque no pueden hacerlo, ya que son bolsas de energía conscientes pero creadas por la suma de las proyecciones de la humanidad sobre la imagen artificial de este ser o de aquel arcángel que simplemente se mueven por resonancia hacia la vida de las personas que sintonizan con ellas a través de su cuerpo mental.

Por lo tanto, nada que se le pida a todo aquello que está asociado a sistemas de creencias religiosos está bajo el mando y control de nuestro Yo Superior y, si se cumplen algunas peticiones, es porque se ha aprovechado su energía por el YS y los guías de la persona para echarle una mano, ya que no había manera de que la personalidad supiese que tenía que trabajar "hacia adentro" y no hacia afuera, pero, en la mayoría de los casos, esas peticiones se dejan pasar y no se hace nada para ejecutarlas.

Finalmente, dentro del entramado de la Tierra y bajo supervisión de Kumar, se encuentran otros grupos, fuerzas y seres que viven en lo que nosotros llamaríamos el "interior" de la Tierra. A pesar de que podamos decir que hay algún raza "extraterrestre" en las cavidades naturales de nuestro planeta, y de que amoss y asimoss y otras razas se mueven también con soltura por el interior del planeta, pues este tiene muchas conexiones, huecos y comunicaciones naturales por toda su estructura desde el núcleo a la superficie, la mayoría de aquellos que habitan el interior del planeta son un tipo de elementales más "densos" que aquellos en su superficie, y que hacen las labores de mantenimiento físico-energético del interior de la Tierra.

Esto es debido a que toda la estructura de nuestro planeta está sustentada en una serie de capas y estratos que se extienden muchos kilómetros por debajo de la superficie, por lo que no solo es necesario cuidar los árboles, los ríos y las montañas, sino que hay que hacer continuamente ajustes energéticos entre placas tectónicas, entre estratos de los niveles subterráneos de la Tierra, entre capas de magma y capas de roca, entre cuevas naturales y pasajes de un punto a otro, etc. Todo este mantenimiento energético de las "vigas" y "andamios" de la Tierra la realizan otro tipo de seres que, bajo coordinación de Kumar, se encargan de mantener el planeta tanto a nivel físico como etérico "de una pieza", de manera que, por mucho que excavemos construyendo pozos, volemos montañas o hagamos minas cada vez más profundas, el planeta pueda seguir más o menos entero sin sufrir roturas que pudieran poner en peligro una parte, o toda, de la vida consciente que en él existimos.

Esperemos que lleguemos pronto al entendimiento de que este planeta es hogar para tantos tipos de seres, que, a pesar de no verlos, están sufriendo nuestra acción devastadora y destructiva del medio ambiente en el que han de llevar también a cabo sus propios procesos evolutivos, sabiendo que, al menos, será totalmente imposible hacer lo mismo en el siguiente nivel 15,6Hz y que, aquellos que inicien el proceso de paso a la "nueva Tierra", nos regiremos por unas leyes de cooperación y respeto a la naturaleza que ahora no hemos ni siquiera comprendido o integrado.

18. Fuerzas que nos asisten, aquellos que nos apoyan, aquellos que ayudan sin protagonismo ni publicidad, por qué lo hacen, cómo lo hacen.

Y si hemos hablado en el anterior capítulo de las fuerzas que pertenecen al planeta y que asisten a Kumar como logos del mismo a mantener el "tablero de juego" en el mejor estado posible, solo nos queda, para terminar este libro, hablar de otras "fuerzas" que también nos asisten, o asisten a la Tierra, pero que, esta vez, no "son de aquí".

La dificultad de abordar un tema como este radica en la cantidad de fantasía presente en el inconsciente colectivo sobre el concepto de "razas extraterrestres", no en vano hemos escrito hace un par de temas que no van a venir mil naves pleyadianas a salvarnos o a elevar al ser humano a un lugar idílico para que continúe con su camino evolutivo, ni va a llegar ninguna otra salvación externa. Y sin embargo, tenemos ayuda "de fuera".

Vaya dilema a la hora de intentar dar unas explicaciones mínimas que no hagan saltar los conceptos preestablecidos en la psique humana sobre extraterrestres y razas "exoplanetarias" que vienen a conquistar, a comerse humanos o a dominar nuestro planeta.

Para empezar, diremos que razas, grupos, especies y vida consciente las hay por millones en toda la Vía Láctea. Esto es, existen más de dos millones de razas diferentes existiendo en alguno de los casi 350 niveles evolutivos que están disponibles en nuestra galaxia.

Estos niveles evolutivos se miden por el sub-plano en el que se encuentra el inconsciente colectivo de una raza o grupo, de manera que si decimos que los asimoss tienen un nivel evolutivo aproximado de 50, o los amoss de aproximadamente de 70, o que los "grises" bajos tienen un nivel aproximado de 25, es porque tomamos los 7 macro-planos que forman la galaxia, lo dividimos en siete sub-niveles, 7x7= 49, y si estos, a su vez lo sub-dividimos otra octava más, porque así lo hacen todos los grupos y seres conscientes que habitamos Eur (el nombre en Irdim para el Logos galáctico), entonces nos salen un total de 343 subniveles donde se puede ubicar el inconsciente colectivo de un grupo. Teniendo en cuenta que hay algunos niveles reservados por Eur para fuerzas "especiales", prácticamente hay 350 "escalones evolutivos" a los que se puede acceder dentro de la Vía Láctea.

Y la raza humana se encuentra en el número 3.

Por lo tanto, mucha otra vida consciente está millones de años por delante de nosotros, de amoss, de asimoss y de otros de los grupos en control que han permanecido en la Tierra desde nuestra creación, y, a esos grupos, es a los que el propio planeta pidió ayuda hace ya muchas décadas, sino siglos, para poder contrarrestar, hasta cierto punto, la caótica situación evolutiva que se estaba dando en la Tierra en su plano físico, etérico y mental.

Esto quiere decir que diferentes razas y grupos, algunos que habían tomado parte en el proyecto de creación de la propia Tierra como reserva multi-especie y otros que fueron colaborando con el tiempo en el mismo, aceptaron y se ofrecieron a ayudar a mantener en el mejor "estado" posible la estructura evolutiva del planeta sin interferir, o haciéndolo lo menos posible, en la evolución de la humanidad.

De esta manera, siempre ha habido interferencia sobre las estructuras de la Tierra por otras razas que han tenido el permiso para ayudar cuando ha sido necesario, por ejemplo, cuando el ser humano lanzó varias bombas atómicas en el siglo pasado durante la escalada armamentística de la segunda guerra mundial y la guerra "fría", cuando explorábamos el potencial de las bombas nucleares, cuando hacíamos experimentos subterráneos con todo tipo de explosivos que dañaban tanto la vida física como la vida etérica del planeta, etc.

Y, puesto que en todas estas ocasiones, los elementales y fuerzas de la naturaleza no se bastaban para mantener controlados los efectos tan nocivos y destructivos de las acciones de la humanidad sobre la estructura de la Tierra, otros grupos de fuera, "extraterrestres" a nuestra concepción, tuvieron que intervenir, y lo han seguido haciendo, procurando que la Tierra no se "rompiera en pedazos" por nuestra inconsciente acción.

Esto llevó, con el tiempo, a la formación de diferentes grupos de "trabajo" que diferentes razas iban formando para poder asistir a Kumar, de nuevo, que no a la humanidad, y, de ahí, a procurar que el resto de vida no física pudiera mantener un lugar habitable hasta cierto punto para poder seguir con sus caminos evolutivos.

Cuando la acción de asimoss, amoss y otras razas de fuera ponían en peligro la integridad de alguna de las estructuras del planeta, estas fuerzas y razas también intervenían contra ellos, tratando de mantenerles a raya en la medida que era posible sin violar las reglas de no intervención y de libre albedrío.

Y es que esto último es muy importante. ¿Por qué no intervienen todos esos grupos para sacar de una vez por todas (ahora que ya no están no es tan importante, pero lo hubiera sido) a asimoss y amoss por la fuerza? Porque una de las directrices "galácticas" que todos los grupos "positivos" respetan es la no intromisión en ningún planeta donde conscientemente no se haya dado o se haya producido una invitación y un permiso conjunto de la especie que lo habita para poder ser asistidos.

Es decir, si no hay permiso total o global desde la humanidad solicitando esa ayuda, la ayuda no se puede conceder, y ninguno de los grupos que nos asisten tiene el menor deseo de iniciar una guerra contra otras razas como los asimoss cuando aquellos que se pudieran beneficiar de ello, en este caso los humanos, ni siquiera son conscientes de que han sido creados ellos mismos por otros seres de allende y que están sujetos a un sistema de control que les mantiene "dormidos" y como recursos del mismo.

Debido a este tipo de "reglas del juego" galáctico, los diferentes grupos de otros planetas que vinieron a asistir a Kumar, se han mantenido al margen durante milenios de la acción de asimoss y amoss y demás excepto cuando el propio planeta lo pedía, daba permiso y autorizaba alguna acción para poder contener un exceso de acciones contra su integridad y la del resto de la vida natural.

Por lo tanto, tenemos ayuda de fuera, pero no nos está ayudando a nosotros directamente, por decirlo así, sino que está aquí para ayudar al planeta. Sin embargo, y por esa misma razón, los seres humanos nos estamos beneficiando de esta ayuda porque, sin ella, no podríamos estar ahora hablando de un cambio de nivel evolutivo.

¿Qué significa esto? Que aquellos que han instalado las estructuras de la nueva Tierra no son los elementales o no son las fuerzas de la naturaleza, son fuerzas externas que han venido a ayudar a Kumar a crear la "nueva realidad". Aquellos que están protegiendo a la línea temporal 42 y a sus puentes de paso, no son las jerarquías que cuidan de la flora o de la fauna, sino que son fuerzas externas que están dejándose sus "horas de trabajo" para que haya unas estructuras de paso que permita a la humanidad subir de curso. Pero ¿están haciendo algo para que subamos de curso? No. Es el equivalente a alguien que te pone un puente entre dos puntos y luego deja el puente "ahí" para que lo cruce quien lo necesite o pueda cruzar, de manera que no se está "empujando" a la humanidad a subir de nivel, o se está frenando que una parte suba y otra no, o se está impidiendo que los miembros de los círculos de poder intenten frenar a aquellos que desean pasar a la nueva realidad.

Pero, si una persona hace todo el trabajo interior que ha de hacer, se encontrará con una estructura de paso, un plano físico 15,6Hz, un entramado etérico y mental listo para ser habitado, unas barreras de protección y todo lo necesario para que esa persona pueda dar el salto evolutivo y tenga los "caminos" necesarios para ello. Y todo eso, lo están haciendo más de 50 grupos y razas que ahora asisten al planeta en este cambio.

Estos más de 50 grupos son miembros de diferentes "asociaciones" o "consejos" que colaboran allá donde son requeridos dentro de los dominios de Eur, ya que su orientación de servicio y su capacidad, tecnología y conocimiento les permite ejecutar este tipo de asistencia. Pero no se trata de que venga toda una raza a echar una mano, sino de que si Kumar pide ayuda a "gritos" para que le asistan con esto o con lo otro, simplemente se envía a un equipo "especializado" que pueda hacer esas labores y luego, si es necesario se puede quedar a monitorizarlo una temporada o si no, regresa a su lugar o planeta de origen.

Por lo tanto, de todo aquello que el ser humano ha sabido o creído saber siempre sobre el tema "ovnis", y sobre el tema "extraterrestre" una parte tiene una base cierta y otra parte tiene una base distorsionada. La mayoría de avistamientos "ovnis" corresponden a las naves de asimoss, amoss y resto de fuerzas que han gestionado la humanidad. La segunda "gran mayoría" de avistamientos es debido a los prototipos de aparatos militares de última generación obtenidos por las élites militares en cooperación con razas como los "grises bajos" o los asimoss, y una pequeñísima parte de los avistamientos de naves y "ovnis" es debido a misiones de reconocimiento en el plano físico de aquellos que nos asisten o por otras razas y grupos que han pasado como observadores y que, o bien se han dejado ver por descuido, o bien tenían la intención de comprobar las reacciones de aquellos humanos siendo observados al verles a estos.

Esto nos lleva a la siguiente cuestión. ¿Por qué aquellos que nos asisten no se dejan ver, conocer o interactúan más con nosotros? Porque no están interesados en ello, porque no buscan publicidad y no la necesitan, y es contraproducente para la ayuda y el servicio que desean hacer. Debido a la cantidad de desinformación que se ha vertido en el inconsciente colectivo de la humanidad sobre el tema extraterrestre, ahora mismo ninguna raza que realmente tenga intención de echarnos una mano se dejaría ver ni conocer ni por asomo. Primero por el caos, miedo y sospechas que eso levantaría, y segundo porque no hay permiso para ello, ya que la humanidad no ha pedido que se den a conocer ni que interactúen con nosotros más abiertamente. Seria rechazado de plano por todos esos grupos que están y siguen procurando ayudar al planeta, ya que la mitad de la raza humana los trataría como salvadores, tomando el rol de dioses y "cristos" que vienen a rescatarlos, y la otra media humanidad recelaría, sospecharía, entraría en pánico y tendría una crisis existencial.

Como podéis intuir, todo esto ha sido muy bien planificado por el sistema de control que evita así que la humanidad por un lado crea en todo el entramado de ayuda "intergaláctica" que existe en Eur, y, por otro lado, que si se llegara a producir algún tipo de intervención que fuera visible, pudiéramos llegar a aceptarla, creer en ella, tomarla como algo positivo para nosotros, etc.

Estamos en un nivel 3 de consciencia de 343 grados evolutivos, y eso marca la diferencia a la hora de decidir por parte de otros grupos si realmente es necesario dar a conocer su presencia o no. Para que esto, en todo caso, no pudiera ser tomado como que nos dejaban a nuestro aire y que nadie nos venía a ayudar, siempre se ha intentado dar la visión y algo de conocimiento a personas que pudieran tratar de explicar lo que son realmente estos grupos y estas razas que nos asisten, sin entrar en el juego del sistema de control sobre que si nos quieren conquistar, comer o dominar, o si vienen a salvarnos y hacer el trabajo por nosotros.

El equilibrio es muy precario entre estas dos posiciones, porque ninguna de ellas es correcta, y, sin embargo, sí que es correcto, hay seres de "ahí fuera" ayudando a que este proceso que estamos explicando llegue a buen puerto, pero lo hacen entre bambalinas, desde el anonimato para el ser humano "medio", porque, entre otras cosas, todos los Yo Superiores saben quiénes son, todos los seres que habitan en la Tierra conocen sus proyectos, asistencia y trabajo y solo la humanidad permanece en la inopia respecto al origen, posición, y ayuda que se está recibiendo.

Por eso, personalmente, siempre me he acostumbrado a hablar de *aquellos que nos asisten*, y por mucho que a través de mi Yo Superior conozca nombres, jerarquías, proyectos o planes de varios grupos y razas, no tiene sentido darlo a conocer a bombo y platillo, porque sería muy contraproducente para todos. De eso se encarga ya el sistema de control con miles de libros que hablan de decenas de especies extraterrestres que van y vienen, que hacen esto y lo otro, que se consideran nuestros "hermanos galácticos" o "primos mayores", que hablan de mucho amor y de mucha luz, pero, luego, no hay ninguna base real sobre ello, no son conocimientos que tengan un sustrato cierto pues solo viendo lo que se publica sobre estas razas y grupos "salvadores", ya vemos que si no cumplen las mínimas reglas de no violación del libre albedrío y no intervención sobre una especie en desarrollo es que no forman parte de aquellos que están para asistir al planeta, sino que, probablemente, son aquellos que, en el imaginario colectivo, han sido "colocados" para reforzar sistemas de creencias que contribuyan a la manipulación del mismo.

Sobre el autor

No se puede forzar a nadie a que crezca, despierte, evolucione o aprenda, sin violar su libre albedrío. Solo se pueden ofrecer herramientas, conocimientos y apoyo para que cada uno tome las riendas de su vida y decida qué hacer con su camino evolutivo.

David Topí

David Topí, ingeniero de profesión, actualmente es un polifacético escritor, formador y terapeuta. Trabaja especialmente en divulgar, formar y acompañar a personas a través de procesos de desarrollo personal y espiritual, así como terapeuta de sanaciones energéticas, usando la técnica de Sanación Akáshica.

Ha creado la Escuela de Metafísica y Desarrollo Transpersonal (EMEDT) con la intención de proporcionar un marco organizado y coherente para impartir toda aquella información, técnicas, herramientas y conocimientos que sean necesarios para la potenciación del crecimiento personal y la transformación de la realidad personal del individuo, que modifiquen a su vez, paso a paso, la realidad global del planeta.

Buscador incansable, se ha formado e interesado por la metafísica, las terapias alternativas, desarrollo de nuestras habilidades "espirituales" innatas y por sistemas de desarrollo personal que permitan al ser humano expresar su máximo potencial y alcanzar respuestas para preguntas escondidas, a veces, muy dentro de nosotros mismos.

Sus artículos y trabajos están publicados en su web
www.davidtopi.net

Libros de David Topí

5 pasos para descubrir tu misión en la vida

Un libro para descubrir nuestra misión en la vida, aquello que hemos venido a hacer, y como ponerla de manifiesto en una actividad real profesional. A través de un recorrido y un intenso trabajo interno sobre nuestros talentos, aficiones, gustos y pasiones, habilidades, valores en la vida, características personales, ideales y competencias personales y emocionales, vamos a llegar a encontrar, en cinco grandes pasos, cuál es tu misión en la vida.

INFINITE I - El Poder de la Intuición

Como aprender a escuchar al universo, pedirle las señales y potenciar los caminos que nos llevan a la felicidad. Un libro que estudia el poder de la mente para manifestar nuestra realidad cotidiana, y como trabaja el universo para hacernos llegar lo que necesitamos en cada momento, así como comprender lo que es el destino, los eventos marcados antes de nacer y cómo funciona la creación de la realidad en el camino de nuestra propia evolución.

INFINITE II- El Yo Interior

Un recorrido para entender el sistema energético humano y como nos auto bloqueamos, para aprender a conectar la mente con el alma a través de la meditación, para desarrollar la habilidad de percibir a nuestro Yo Superior y establecer contacto y canalizar a nuestros guías espirituales.

INFINITE III - El Yugo de Orión

El Yugo de Orión es la explicación al enorme rompecabezas que es la vida en nuestro planeta, las estructuras de control de la sociedad impuesta desde hace milenios, la manipulación de las personas a través del inconsciente colectivo y de su potencial co-creador de la realidad, y los diversos actores que se encuentran en la pirámide que maneja los hilos. Sin embargo, es un libro no solo para entender lo que sucede, sino para cambiarlo, pues solo conociendo como están las cosas, podemos aportar soluciones para promover el cambio evolutivo, frecuencial y de conciencia en el que estamos todos metidos.

INFINITE IV - La espiral evolutiva

Desde que el hombre es homo sapiens, ha habido un conocimiento del funcionamiento de las leyes que rigen la naturaleza, el Cosmos y la Creación, y ese conocimiento se ha denominado "ocultismo", pues estaba, como bien podéis deducir "oculto". Este libro se adentra en el conocimiento esotérico que nos ayuda a entender la evolución del ser humano, su crecimiento, las leyes que lo rigen, y que rigen todo lo Creado. Desde el núcleo primordial de energía "divina" que somos, hasta los procesos de alquimia personal interior que nos hacen transformarnos en lo que queremos ser. Es, en definitiva, un libro para conocer a fondo la metafísica de nuestro ser, y de nuestra evolución, como individuos, y como especie

Dinámicas de lo invisible - volumen 1

Este primer volumen de la colección Dinámicas de lo Invisible nos adentra en el mundo de las energías que nutren al ser humano y cómo activar nuestras funciones inhibidas, bloqueadas y ocultas en nuestro sistema energético, borrando la "obsolencia programada" de nuestras células o activando procesos de limpieza profunda de nuestros cuerpos sutiles. Nos encontraremos con explicaciones sobre el proceso de paso entre vidas desde el punto lineal y simultaneo del tiempo, explicando las paradojas de cÓmo y porqué todo sucede a la vez mientras que la consciencia lo percibe como ocurriendo secuencialmente. Estudiaremos las reglas que rigen el paso de nivel evolutivo, de la expansión de la consciencia y la historia oculta de la creación y manipulación genética del ser humano.

Printed in Poland
by Amazon Fulfillment
Poland Sp. z o.o., Wrocław

70695515R00155